新一代人工智能 2030 全景科普丛书

智能政务

胡广伟　王新建　尚进　著

科学技术文献出版社
SCIENTIFIC AND TECHNICAL DOCUMENTATION PRESS
·北京·

图书在版编目（CIP）数据

智能政务/胡广伟，王新建，尚进著. —北京：科学技术文献出版社，2020.9
（新一代人工智能2030全景科普丛书/赵志耘总主编）
ISBN 978-7-5189-5834-4

Ⅰ.①智… Ⅱ.①胡… ②王… ③尚… Ⅲ.①电子政务—研究—中国
Ⅳ.① D630.1-39

中国版本图书馆 CIP 数据核字（2019）第 155624 号

智能政务

策划编辑：崔　静　　责任编辑：张　红　　责任校对：文　浩　　责任出版：张志平

出 版 者	科学技术文献出版社
地　　址	北京市复兴路15号　邮编　100038
编 务 部	（010）58882938，58882087（传真）
发 行 部	（010）58882868，58882870（传真）
邮 购 部	（010）58882873
官 方 网 址	www.stdp.com.cn
发 行 者	科学技术文献出版社发行　全国各地新华书店经销
印 刷 者	北京时尚印佳彩色印刷有限公司
版　　次	2020年9月第1版　2020年9月第1次印刷
开　　本	710×1000　1/16
字　　数	148千
印　　张	11.5
书　　号	ISBN 978-7-5189-5834-4
定　　价	46.00元

版权所有　违法必究

购买本社图书，凡字迹不清、缺页、倒页、脱页者，本社发行部负责调换

总　序

　　人工智能是指利用计算机模拟、延伸和扩展人的智能的理论、方法、技术及应用系统。人工智能虽然是计算机科学的一个分支，但它的研究跨越计算机学、脑科学、神经生理学、认知科学、行为科学和数学，以及信息论、控制论和系统论等许多学科领域，具有高度交叉性。此外，人工智能又是一种基础性的技术，具有广泛渗透性。当前，以计算机视觉、机器学习、知识图谱、自然语言处理等为代表的人工智能技术已逐步应用到制造、金融、医疗、交通、安全、智慧城市等领域。未来随着技术不断迭代更新，人工智能应用场景将更为广泛，渗透到经济社会发展的方方面面。

　　人工智能的发展并非一帆风顺。自1956年在达特茅斯夏季人工智能研究会议上人工智能概念被首次提出以来，人工智能经历了20世纪50—60年代和80年代两次浪潮期，也经历过70年代和90年代两次沉寂期。近年来，随着数据爆发式的增长、计算能力的大幅提升及深度学习算法的发展和成熟，当前已经迎来了人工智能概念出现以来的第三个浪潮期。

　　人工智能是新一轮科技革命和产业变革的核心驱动力，将进一步释放历次科技革命和产业变革积蓄的巨大能量，并创造新的强大引擎，重构生产、分配、交换、消费等经济活动各环节，形成从宏观到微观各领域的智能化新需求，催生新技术、新产品、新产业、新业态、新模式。2018年麦肯锡发布的研究报告显示，到2030年，人工智能新增经济规模将达13万亿美元，其对全球经济增长的贡献可与其他变革性技术如蒸汽机相媲美。近年来，世界主要发达国家已经把发展人工智能作为提升其国家竞争力、维护国家安全的重要战略，并进行针对性布局，力图在新一轮国际科技竞争中掌握主导权。

德国 2012 年发布十项未来高科技战略计划，以"智能工厂"为重心的工业 4.0 是其中的重要计划之一，包括人工智能、工业机器人、物联网、云计算、大数据、3D 打印等在内的技术得到大力支持。英国 2013 年将"机器人技术及自治化系统"列入了"八项伟大的科技"计划，宣布要力争成为第四次工业革命的全球领导者。美国 2016 年 10 月发布《为人工智能的未来做好准备》《国家人工智能研究与发展战略规划》两份报告，将人工智能上升到国家战略高度，为国家资助的人工智能研究和发展划定策略，确定了美国在人工智能领域的七项长期战略。日本 2017 年制定了人工智能产业化路线图，计划分 3 个阶段推进利用人工智能技术，大幅提高制造业、物流、医疗和护理行业效率。法国 2018 年 3 月公布人工智能发展战略，拟从人才培养、数据开放、资金扶持及伦理建设等方面入手，将法国打造成在人工智能研发方面的世界一流强国。欧盟委员会 2018 年 4 月发布《欧盟人工智能》报告，制订了欧盟人工智能行动计划，提出增强技术与产业能力，为迎接社会经济变革做好准备，确立合适的伦理和法律框架三大目标。

党的十八大以来，习近平总书记把创新摆在国家发展全局的核心位置，高度重视人工智能发展，多次谈及人工智能重要性，为人工智能如何赋能新时代指明方向。2016 年 8 月，国务院印发《"十三五"国家科技创新规划》，明确人工智能作为发展新一代信息技术的主要方向。2017 年 7 月，国务院发布《新一代人工智能发展规划》，从基础研究、技术研发、应用推广、产业发展、基础设施体系建设等方面提出了六大重点任务，目标是到 2030 年使中国成为世界主要人工智能创新中心。截至 2018 年年底，全国超过 20 个省市发布了 30 余项人工智能的专项指导意见和扶持政策。

当前，我国人工智能正迎来史上最好的发展时期，技术创新日益活跃、产业规模逐步壮大、应用领域不断拓展。在技术研发方面，深度学习算法日益精进，智能芯片、语音识别、计算机视觉等部分领域走在世界前列。2017—2018 年，中国在人工智能领域的专利总数连续两年超过了美国和日本。在产业发展方面，截至2018年上半年，国内人工智能企业总数达1040家，位居世界第二，在智能芯片、计算机视觉、自动驾驶等领域，涌现了寒武纪、旷视等一批独角兽企业。在应用领域方面，伴随着算法、算力的不断演进和提升，越来越多的产品和应用落地，比较典型的产品有语音交互类产品（如智能音箱、智能语音助理、智能车载系统等）、智能机器人、无人机、无人驾驶汽车等。人工智能的应用范围则更加广泛，目前已经在制造、医疗、金融、教育、安防、商业、智能家居等多个垂直领域得到应用。总体来说，目前我国在开发各种人工智能应用方面发展非常迅速，但在基础研究、原创成果、顶尖人才、技术生态、基础平台、标准规范等方面，距离世界领先水平还存在明显差距。

1956年，在美国达特茅斯会议上首次提出人工智能的概念时，互联网还没有诞生；今天，新一轮科技革命和产业变革方兴未艾，大数据、物联网、深度学习等词汇已为公众所熟知。未来，人工智能将对世界带来颠覆性的变化，它不再是科幻小说里令人惊叹的场景，也不再是新闻媒体上"耸人听闻"的头条，而是实实在在地来到我们身边：它为我们处理高危险、高重复性和高精度的工作，为我们做饭、驾驶、看病，陪我们聊天，甚至帮助我们突破空间、表象、时间的局限，见所未见，赋予我们新的能力……

这一切，既让我们兴奋和充满期待，同时又有些担忧、不安乃至惶恐。就业替代、安全威胁、数据隐私、算法歧视……人工智能的发展和大规模应用也会带来一系列已知和未知的挑战。但不管怎样，人工智能的开始按钮已经按下，而且将永不停止。管理学大师彼得·德鲁克说："预测未来最好的方式就是创造未来。"别人等风来，我们造风起。只要我们不忘初心，为了人工智能终将创造的所有美好全力奔跑，相信在不远的未来，人工智能将不再是以太网中跃动的字节和CPU中孱弱的灵魂，它就在我们身边，就在我们眼前。"遇见你，便是遇见了美好。"

新一代人工智能2030全景科普丛书力图向我们展现30年后智能时代人类生产生活的广阔画卷，它描绘了来自未来的智能农业、制造、能源、汽车、物流、交通、家居、教育、商务、金融、健康、安防、政务、法庭、环保等令人叹为观止的经济、社会场景,以及无所不在的智能机器人和伸手可及的智能基础设施。同时,我们还能通过这套丛书了解人工智能发展所带来的法律法规、伦理规范的挑战及应对举措。

  本丛书能及时和广大读者、同仁见面,应该说是集众人智慧。他们主要是本丛书作者、为本丛书提供研究成果资料的专家,以及许多业内人士。在此对他们的辛苦和付出一并表示衷心的感谢!最后,由于时间、精力有限,丛书中定有一些不当之处,敬请读者批评指正!

赵志耘

2019 年 8 月 29 日

自序：政务也智能

随着"放管服"改革的不断深入，特别是"云大物移智"等新兴信息技术的融合应用，各级政府在治理与服务方面不断地进行创新，在公共管理实践中走出了一条具有中国特色的国家治理之路。如果把政府上网工程称为中国的"第一代电子政务"（电子政务1.0），把多渠道并举的社会化政务（social government），包括政务服务网、政务"两微一端"等称为"第二代电子政务"（电子政务2.0），把线上与线下整合（O2O）的"互联网＋政务服务"、"政务服务大厅与政务网络一体化的协同政务"（whole-of-government collaboration）称为"第三代电子政务"（电子政务3.0），那么，具有感知、分析、规划、决策、执行能力的智能政务（intelligent government）将成为"第四代电子政务"（电子政务4.0）。智能政务能通过物联网（IoT）自动感知社会的服务需求与政府的业务需求，并通过自动分析、规划，辅助与支持政务决策与执行，从而提高政务工作效能，提供及时、动态、千人千面的个性化政务服务，满足公务人员、公众、企业多重体验提升的目标。也许在不久的将来，随着人工智能（AI）技术的进一步成熟与应用，具有人文关怀（humanistic care）能力的智慧政务（smart government）时代将会到来，即"第五代电子政务"（电子政务5.0）。

智能政务的发展与新兴信息技术的发展和应用密不可分，更是我国各级政府创新进取、锐意改革的试验田。诞生于20世纪50年代的人工智能技术，在经历了几番繁荣与沉寂的交替后，得益于存储能力、计算能力、传输能力的全面提升，特别是机器学习、自然语言处理、计算机视觉、人工智能芯片等领域的历史性突破，在我国的商务、农业、医疗、交通、金融、教育、政务等领域得以快速应用，正深刻地改变着我们的工作与生活模式。为更好地抓住人工智能发展的重大战略机遇，构筑我国人工智能发展的先发优势，加快创新型国家建设，国务院在2017年制定并发布了《新一代人工智能发展规划》，明确了2030年前国家在发展人工智能技术、产业方面的指导思想、战略目标、分阶段计划和具体的实施路径。

其中，针对人工智能在政务领域的应用，《新一代人工智能发展规划》首次提出了"智能政务"的概念，要求"开发适于政府服务与决策的人工智能平台，研制面向开放环境的决策引擎，在复杂社会问题研判、政策评估、风险预警、应急处置等重大战略决策方面推广应用。加强政务信息资源整合和公共需求精准预测，畅通政府与公众的交互渠道"。智能政务是信息化助力政务管理和政务服务的新阶段、新模式，是将人工智能技术与物联网、云计算、大数据分析、移动互联网等新一代信息技术深度融合，并在政务领域应用的具体体现，也是政务管理、政务服务领域进一步提升政府效率、加快推进"放管服"改革的新举措和新手段。可以预见的是，我国的智能政务实践将为世界各国的创新发展提供中国样板，贡献中国方案。

作为新一代人工智能2030全景科普丛书中的一册，本书由浅入深地描绘了智能政务的过去、现在和未来。全书由三大部分组成，分别为第一篇"智能政务是什么"（第一至第三章），介绍了电子政务的发展历程，人工智能技术的演进过程，以及人工智能时代政务管理和政务服务面临的新机遇，进而阐述了智能政务的定义、特征及典型场景；第二篇"智能政务怎么做"（第四至第六章），从智能政务助力政府管理、政务服务、社会治理3个方面，理论和案例分析相结合，详细阐述了人工智能技术在政务信息资源整合、政府政策评估、应急管理处置、公共需求精准预测、政府与公众交流互动、政府服务效率提升、复杂社会问题研判、预防和化解社会矛盾、公共安全管理等领域发挥作用的机制；第三篇"智能政务的未来展望"（第七至第八章），主要是对智能政务当前阶段面临的挑战进行了分析，并对智能政务未来的技术发展趋势和应用发展前景进行了憧憬和展望。

本书的编写过程中有刘晓昕、魏畅、刘露、张晅等多位研究生同学的辛勤付出，也得到了南京大学"国家双创示范基地"、南京大学政务数据资源研究所、南京大学信息管理学院的大力支持，在此表示感谢！本书的出版得到了国家自然科学基金面上项目"电子政务服务价值共创机制及实现模式实证研究"（项目编号：71573117）的支持，还得到了科学技术文献出版社编辑团队的细致审校，得到了丛书总编、编辑团队的耐心指导，以及领域内多位专家学者的指点、斧正，在此一并致谢！

胡广伟
2020 年 1 月

前　言

人工智能技术的发展被称为第四次工业革命，已经成为当今世界各国一争高下的战场。人工智能正在深刻改变人类社会生活、改变世界。为抢抓人工智能发展的重大战略机遇，构筑我国人工智能发展的先发优势，加快建设创新型国家和世界科技强国，国务院于 2017 年 7 月 8 日印发了《新一代人工智能发展规划》（以下简称《规划》）。

《规划》首次将人工智能提升到国家战略高度，提出了面向 2030 年我国新一代人工智能发展的指导思想、战略目标、重点任务和保障措施。

《规划》明确了在政府行政管理领域应用人工智能技术，打造"智能政务"的重点任务：开发适于政府服务与决策的人工智能平台，研制面向开放环境的决策引擎，在复杂社会问题研判、政策评估、风险预警、应急处置等重大战略决策方面推广应用。加强政务信息资源整合和公共需求精准预测，畅通政府与公众的交互渠道。

本书将围绕《规划》中明确的智能政务建设重点任务，为广大读者介绍智能政务是什么、怎么做，并对智能政务的未来进行展望，希望对读者们有所启发。

目　录

第一篇　智能政务是什么？

第一章 新时代的政府管理和政务服务 / 002
　　第一节　政府管理和政务服务 / 002
　　第二节　电子政务发展历程 / 010
　　第三节　人工智能发展现状 / 019

第二章 政府管理和政务服务需要人工智能助力 / 030
　　第一节　政府管理和政务服务面临的新挑战 / 030
　　第二节　人工智能为政府管理和政务服务带来新机遇 / 038
　　第三节　人工智能在政务领域应用初见成效 / 042

第三章 智能政务时代来临 / 051
　　第一节　智能政务的定义 / 051
　　第二节　智能政务的典型特征 / 056
　　第三节　智能政务的应用场景 / 061

第二篇　　智能政务怎么做？

第四章　智能政务助力政府管理 / 066
第一节　智能政务助力政务信息资源整合 / 066
第二节　智能政务助力政府政策评估 / 074
第三节　智能政务助力政府应急管理处置 / 079

第五章　智能政务助力政务服务 / 088
第一节　智能政务助力公共需求精准预测 / 088
第二节　智能政务助力政府与公众交流互动 / 095
第三节　智能政务助力政府服务效率提升 / 100

第六章　智能政务助力社会治理 / 107
第一节　智能政务助力复杂社会问题研判 / 107
第二节　智能政务助力预防和化解社会矛盾 / 114
第三节　智能政务助力公共安全管理 / 123

第三篇　　智能政务未来展望

第七章　智能政务发展面临的挑战 / 134
第一节　政务决策智能化的挑战 / 134
第二节　智能政务的安全性挑战 / 142
第三节　自身管理服务能力的挑战 / 148

第八章　智能政务的未来 / 155
第一节　智能政务技术发展趋势 / 155
第二节　智能政务的应用发展趋势 / 161

第一篇

智能政务是什么？

政府的主要职能包括行政事务的运营管理及面向公众的行政事务服务。随着信息技术的进步及政府职能的改革，政务管理和政务服务经历了从人工到电子政务的快速发展，各类信息化、电子化、互联网化的技术手段和管理模式逐步应用到政务管理和政务服务的方方面面。而人工智能技术飞速发展及广泛应用，让政务管理和政务服务迈入了智能时代。

第一章

新时代的政府管理和政务服务

不断推进政府管理模式的变革和创新，为公众提供优质的政务服务，是新时代建设服务型政府的要求。近年来，在大数据、互联网＋、云计算等信息技术的发展和推动下，伴随着高质量大数据、高性能计算资源及深度学习算法的日益成熟，人工智能时代悄然来临，社会的信息化和智能化水平得到了显著提升，同时，推动了政府管理和政务服务模式的变革与创新。本章在阐述政府管理与政务服务的内涵及模式变化的基础上，探究国内外电子政务的发展历程及人工智能的发展现状，为"人工智能＋政务"新范式提供基础背景。

第一节 政府管理和政务服务

一、政府管理

1. 政府

唐宋时期，中央机关设置为三省六部，三省即尚书省、中书省和门下省。后来，唐朝为了提高工作效率将中书省和门下省合署办公，并称为"政事堂"。到了宋朝，"政事堂"被设于中书省内，并新设立了枢密院，将中书省和枢密院并称为"二府"。我国的"政府"二字，就取自唐宋时期的"政事堂"和宋朝的"二府"两名之合称。

对于政府含义的界定，不同的专家学者有不同的解释。赵宝照在其编著的一本政治学教科书中指出："政府一词，历来就有广义和狭义两种不同的解释。在资本主义社会实行总统制的国家，政府通常是指中央和地方政府全部的立法、行政和司法机关，这就是所谓的广义的解释。在实行议会内阁制的国家，政府通常是指中央和地方的行政机关，这就是所谓的狭义的解释"。虽然这个关于政府的定义是针对资本主义国家的政府状况来界定的，但在我国的政治学界产生了比较广泛的共识和影响。另一位学者桑玉成同样从广义和狭义两个层次来界定政府的含义，他认为广义的政府是以公共权力的名义而建立起来的所有国家机构；狭义的政府就是把政府看作是国家立法、司法和行政这3种权力机构中的行政部门。

学者乔耀章根据学界关于政府的研究，总结了政府的概念，把其归纳为5级：①最狭义的政府，指中央政府，即指国家最高行政机关及其核心部分（内阁）；②狭义的政府，指国家行政机构，包括中央政府和地方各级政府；③广义的政府，泛指一切国家政权机关，包括各级立法机关、行政机关和司法机关；④次广义的政府，指治理国家或社区的政治机构，包括各级各类国家机关和社区机构；⑤最广义的政府，指各级各类国家机关和社会团体及民间组织的总和（图1.1）。

在当今社会，普遍使用的政府的概念是指狭义的政府，也就是说，政府是指中央政府及其职能部门和地方各级政府及其职能部门。

2. 政府管理的含义

政府是社会公共管理中最为典型和重要的主体，承担着大量管理社会公共事务、改善公共生活质量、保证社会有序进行及推动社会稳定发展的任务。与不同的政府概念相似，政府管理的概念也被理解为不同的层次。不过，对政府管理的理解多是与狭义的政府相对应的。

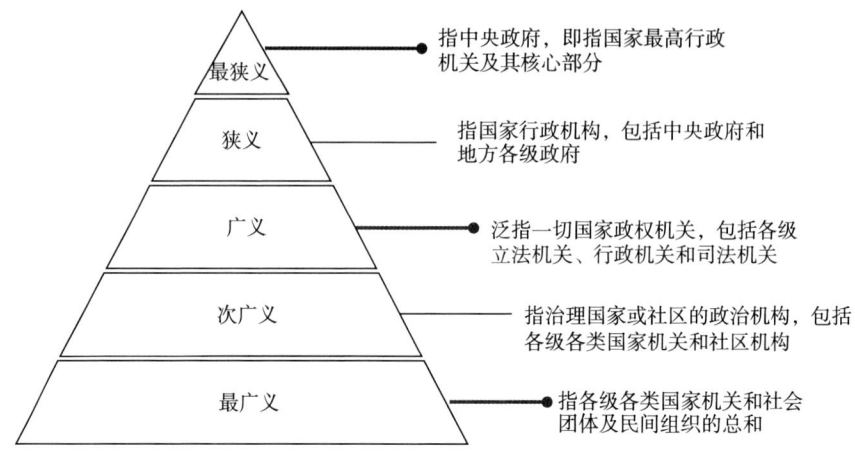

图 1.1　不同范围的政府概念

学者张国庆认为，政府管理就是"政府（行政）运用依法获授的国家公共行政权力，并在法律原则规定的范围内运用行政裁量权，以行政效率和社会效益为基本考量标准，处理公共行政事务的过程和活动。"学者宋德福认为，政府管理是"有效运用国家权力，把政府的人力、物力、资金、信息等各种资源合理地组织起来，协调政府内部与外部的各种关系，经过组织、领导、控制等一定的行政过程，向社会和公众提供公共产品或服务，以实现国家的职能和目标等一系列活动的集合。"

虽然学者对政府管理的定义略有不同，但实质上政府管理就是政府运用公共权力，制定和实施公共政策，有效配置公共资源，从而实现社会公共的利益。在人们的日常生活中，"政府管理"还常常与"政府公共行政管理""公共行政管理""行政管理"等概念等同使用。

随着工业经济和科学技术的发展，政府管理所涉及的内容日益广泛，包括经济建设、文化教育、市政建设、社会秩序、公共卫生、环境保护等各个方面。

3. 政府管理模式的变化

政府管理模式是政府为管理而形成的与社会互动的机制，是由政府管理理念、管理体制、管理方法等构成的一个运作模式。随着信息化时代的到来，互联网信息传播日益广泛,以电子政务为代表的新型政府管理模式改变了传统政府管理模式,主要体现在以下几个方面。

(1) 从管制型政府走向服务型政府

管制和服务是政府管理社会事务过程中的两大职责,两者相互联系、两位一体,管制是服务的基础,服务是管制的目的。但是,在相当长的一段时间内,政府并未真正重视起其公共服务的职责,或者说政府并没有真正从服务的角度来为社会群众提供公共服务,而是将这些政府的工作看作是其行使管制特权的方式,"门难进、脸难看、话难听、事难办"成为当时政府机关的普遍现象。社会群众去政府部门办事,如果涉及不同部门,要盖不同的章,常常需要跑好几个部门。由于政府各部门的相对独立性,不同职能部门承担不同的服务职能,公众需要逐一与不同的政府部门打交道,从而大大增加了公众到政府机关办事的难度。电子政务的建设改变了这一局面,推进了政府由管制型向服务型转变。以往需要到政府机关与工作人员面对面才能解决的问题,通过上网,在家就得到了解决。政府通过网上服务系统,使服务界面由办公室、柜台窗口转向计算机屏幕,从而实现"人机对话",极大地简化了原来的手续和步骤,提高了办事效率。公众只要借助互联网访问政府站点,点击鼠标,就完成了原来需要跑很多部门才能办完的事情。

在电子政务建设时期,增进和维护公民的公共利益成为政府管理的主要职责,政府主要通过对功能的服务而不是管制来维护自己的执政地位。随着我国电子政务的发展,各种政务 APP、政务微博、政务微信等新型政务服务渠道不断涌现,政府公众可以在这些渠道上对政府提供的社会服务提出意见和建议,逐渐形成"问政于民、决政于共、行政于和、监政于公"的服务型政府。

(2) 政府组织结构从金字塔形走向扁平化

自人类社会诞生以来,在人类所有组织结构形式中,占领绝对优势的是金字塔形、自上而下的科层制组织结构形式。在这种结构下,上级给下级分配任务,下级只能一层层向上级汇报工作。这种组织结构形式在工业社会具有效率优势,但在环境适应方面表现出呆板、僵化和迟钝等缺陷,压抑了组织成员的全面发展。当人类社会进入后工业社会和信息社会之后,社会环境的多样化和复杂性要求政府管理机构的管理和服务更加多元化、个性化。因此,对传统科层制的改革不可避免。信息技术被广泛应用于政府管理系统,减少或者取消组织中的中间管理层次,压平组织结构,推行网络化的组织结构,使组织结构扁平化。扁平化组织结构重视横向的联系、沟通与协作,改变了传统科层制政府系统信息的纵向传递模式,实现信息全方位、多层次、跨时空的网络化共享与传递,同时也适应信息社会多变和复杂的环境。

(3) 从集权式政府走向分权式政府

以权力为中心的传统政府组织结构实行的是严格的等级制度,政府组织内部层层授权,下级对上级严格负责,只有处在塔顶端的人才能掌握足够的信息进行决策。作为行政下级和社会公众既无了解行政信息的权利,更无参与决策的权利,决策权在一定程度上变成了特权,由于靠经验决策和决策信息不具备导致的决策失误非常多见。

在信息技术革命的冲击下,传统的集权式权力结构逐渐被分散化的权力结构所替代。政府部门权力的分散与下移、决策权与执行权分离,使得政府管理机构能够机动灵活地应付多元化、复杂化的政府管理环境与政府管理需求。此外,就政府管理民主化的实质而言,政府管理的权力来源于社会公众,政府管理权力的扩散,有利于还权于社会公众,让社会公众直接参与公共事务的管理。更重要的是,社会公众已不再满足于僵化的、低效率的控制型权力结构,而要求能够提供具有多样化选择及具有分权式、高效率的政府。电子政务管理模式的发展可以让公民参与到一些政务的决策中,让公众了解到一些政务的基本情况。对于政府人员来说,可以及时了解民意,针对人民的需求做出正确的决策,使政府决策更加科学化、人性化。

二、政务服务

1. 政务服务的含义

政务是指政府的事务性工作,泛指行政事务。政务服务是指党政机关、事业单位和各相关部门,根据法律法规、审批期限对社会团体、企事业和个人办理相关政务方面的服务工作。政府服务包括最基本的维护公共安全与社会秩序的服务,同时,随着时代发展逐渐出现有关社会保障、公共医疗、户籍办理、工商登记、税务登记、不动产登记、住房保障、知识产权登记、就业创业、其他产品供给、领事保护等一系列的惠民便民服务(图1.2)。

图 1.2　某政府网站提供的个人服务事项

2. 政务服务模式的演变

从实体大厅到网上办事大厅,政务服务的模式经历了由线下到线上及未来向线上线下相互融合的演变趋势。

(1)线下模式

在现实生活中,各种政务服务中心和实体大厅是政务服务线下模式的具体体现。以往,传统政务处理方式以政府机构和职能为中心,企业、社会组织和公众要通过政府部门办理相关事务,必须要先了解各个政府部门的基本职能、权限和具体分工，然后按照先后顺序分别到不同的部门办理。后来，政务服务中心开始建设起来，减少了政府部门布局分散给群众办事带来的不便。它通过物理集中的方式将与群众密切相关的事项和部门集中到单一建筑物中，并进行统一管理，也就是"一站式"服务中心。随着简政放权和审批改革的深化，服务中心（大厅）的布局也发生了变化，由"一站式"向"一窗""多点""多功能"等方向发展（图1.3）。

所谓"一窗"，就是将集中于大厅的办事事项按主题或生命周期等标准进行合理划分和导航设计，保证同类主题事项的"一窗式""接件"和"出件"，极大地方便了社会群众办事。

"多点"就是建设大量的便民服务中心、代办点及流动服务，如成都市双流区政务服务中心提出"十五分钟生活圈，

图1.3　政务服务中心

政府服务在身边"口号，通过一站多居和代办点的形式向公民提供便捷的政务服务。

"多功能"则改变了原有政务服务中心的功能定位。以往，政府将"一站式服务中心"作为向公民提供各类审批服务的场所，"多功能"的发展则将服务中心功能从"审批"回归到"服务"本身。例如，武汉的"市民之家"突出"办事大厅、展示大厅、城市客厅"三大功能，将政务服务中心建设定位于"提供行政服务，展示城市未来，接受市民监督"三大任务。武汉市民之家不但可以为公民提供审批类的政务服务，同时也将城市规划展览馆纳入其中，并定期举办"市民大讲堂"和"江城之恋"等面向市民的公益活动和服务。

(2) 线上模式

随着信息技术的发展,政府开始借助互联网在线提供政务服务,通过逻辑集中的网络政务大厅建设,政务服务提供的空间、时间不再受限制,进一步提高了政务服务的效率和质量。

在电子政务发展早期,"网上政务服务"主要是以电脑终端为入口的服务提供,当时的"互联网+政务服务"表现为门户网站和网络政务大厅的建设(图1.4)。随着信息通信技术的进一步发展和移动终端的日益普及,微信公众号、政务微博服务矩阵及政府部门自己开发的政务APP逐渐进入"互联网+政务服务"的建设范围。新一代信息技术的发展改变了用户与服务提供者之间的关系,移动APP及各类订阅号的发展使用户和政府之间更容易建立一种相对稳固的对应关系。基于用户行为习惯和个性特征的推送及个性定制化服务,成为许多地方政府政务服务创新的突破点。例如,上海气象科技服务中心可以基于用户位置提供精确的信息推送和气象预警功能,武汉交警的微信号则可以实现违法信息的主动推送。

图 1.4 江苏省网上政务服务大厅首页

如今，线上模式的政务服务包括以下几个方面。一是基本互动交流服务，如相关内容的咨询、遇到不公时的投诉、需求不满时的诉求及对政府的建议等。二是为公众提供免费的开放数据，如政府相关政策及政府在社会整理和政务服务中产生的权威数据，如社保、医保、纳税数据，个人或企业的征信数据，城市规划数据等。三是事项办理服务，线上模式为公众提供了机构、政府职能、事项办理指南和流程、办事地址等，以及在线事项预约及办理服务。

(3) 政务服务 O2O：线上与线下融合与超越的新模式

在政务服务建设和发展过程中，线上和线下两种模式的侧重点有所不同，其服务人群也有所差异。

"线上模式"借助于互联网以实现"在线化"服务，这种基于信息技术的服务提供模式，在实际的应用中可能存在着"数字鸿沟"方面的制约，如老年人群和贫困人群要接受线上服务可能因为自身条件的制约而面临较大的困难。

对于"线下模式"而言，其建设侧重点在于实体大厅的布局、管理及审批流程的变革和再造。线下模式的建设在一定程度上可以缓解"数字鸿沟"带来的困惑，使社会上各类人群能够获得相对平等的政务服务。然而，如果过度强调线下，则与"互联网+"的发展趋势及年轻人的生活习惯又不完全相符。因此，在实践中，从提高社会群众需求和体验角度出发，线上和线下的建设模式往往是相互融合的。实现政府服务 O2O，建设线上和线下融为一体的政务服务体系将是未来政务服务模式的发展趋势。

第二节　电子政务发展历程

1992 年，威廉·杰斐逊·克林顿（William Jefferson Clinton）就任美国总统时宣布，要把美国联邦政府打造成一个"少纸的"电子政府，利用信息技术改造政府内部的业务流，从而提高政府人员的工作效率。经过近 4 年的努力，美国"电子政府"的发展取得了明显的效果：联邦政府的员工减少了 24 万人，关闭了2000多间办公室,政府开支减少了1180亿美元……美国政府取得的成就,进一步引发了各国变革政府管理方式的热潮,"以电子政务求发展"成为全球性的趋势,各国政府将其列为国家级重要事项,我国政府也不例外。

一、我国电子政务发展历程

改革开放以来,我国政府相关部门顺应信息技术的发展趋势,在电子政务建设和管理方面制定了一系列制度化安排,取得了一定的成就。中国互联网络信息中心发布的第43次《中国互联网络发展状况统计报告》显示,截至2018年12月,我国在线政务服务用户的规模达3.94亿人,占全体网民的47.5%。近几年,我国的"互联网+政务服务"得到进一步深化,各级政府运用互联网、大数据、人工智能等信息技术,进一步提升政务服务效能。

我国的电子政务从20世纪80年代以来经历了起步发展和全面启动阶段,目前已经进入创新转型阶段（图1.5）。

1. 起步推进阶段

从20世纪80年代开始,我国政府就非常关注信息技术在政务工作中所带来的挑战和机遇。20世纪80年代中期,政府各部门开始引入微型计算机打字和

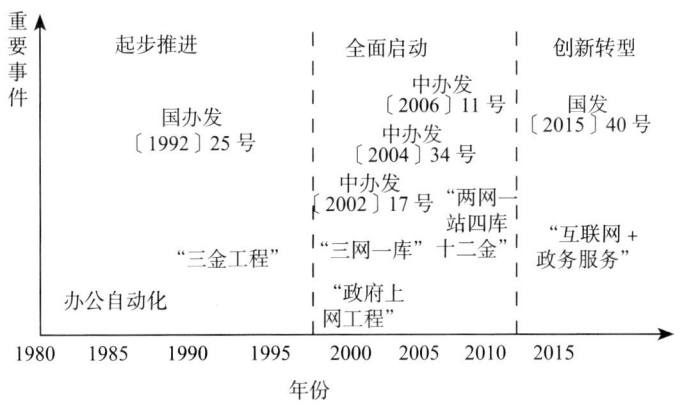

图1.5 我国电子政务发展历史

管理文件系统来辅助实施一些最基础的政务活动，如公文处理、档案管理等，国内兴起一小股"办公自动化"（office automation，OA）热。

国务院办公厅分别于 1987 年和 1988 年召开了"全国政府办公厅系统办公自动化工作会议暨全国政府办公厅系统软件交流会"和"办公自动化研讨会"，成立了"全国政府办公厅系统办公自动化工作指导小组"和"技术咨询小组"，以保证我国办公自动化建设的标准化、网络化，使其走向有组织、规范化的道路。

1992 年，国务院办公厅下发了《国务院办公厅关于建设全国政府行政首脑机关办公决策服务系统的通知》（国办发〔1992〕25 号）以推广计算机的使用。这时候，"电子政务"的概念还没有被正式提出来，"办公自动化""部门信息化"是此阶段政府信息化的重要表现形式。此后，综合采用文字、图片、声音的通信网络得到了广泛应用，政府的基本办公化系统逐渐成熟，微型计算机应用逐渐普及，办公自动化为我国政府建设电子政务奠定了重要基础。

为顺应全球建设"信息高速公路"的潮流，1993 年 12 月，我国正式启动了国家经济信息化的起步工程——"三金工程"（金桥工程、金关工程和金卡工程），建设中国的"信息准高速国道"。

金桥工程即建设政府专用的信息化基础设施，是中国信息高速公路的主体，其目标是建立起覆盖全国并与国务院部委专用网连接的国家共用经济信息网，实现不同政府部门之间的互联互通。金关工程关注的是国家经济贸易信息网络工程的建设，推广电子数据交换（EDI）业务，实现通关自动化，达到与国际 EDI 通关业务接轨的目的。金卡工程也就是电子货币工程，计划用 10 多年的时间，实现支付手段的革命性变化，使中国跨入电子货币时代。"三金工程"的启动，揭开了大规模建设中国政府信息系统的序幕，我国电子政务建设逐渐驶入发展的快车道。

2. 全面启动阶段

20 世纪 90 年代末期，网络信息技术的快速发展和信息基础设施的不断完善，使得我国电子政务建设进入了政府上网发展阶段，政府信息化步入了互联网时代。1998年4月,青岛市率先在互联网上建立起"青岛政务信息公众网",随后1999年,我国政府机关正式启动"政府上网工程",并得到了各地政府部门的积极响应。

为进一步规范我国电子政务的发展,国务院办公厅于2000年5月下发了《关于进一步推进全国政府系统办公自动化建设和应用工作的通知》,提出在3～5年完成建设"三网一库"的任务,从而不断完善各地区、各部门机关内部的办公业务网(内网),以国务院办公厅为枢纽的全国政府办公业务资源网(专网),逐步建立基于互联网的面向社会的政府公众信息网(外网),以及共建共享政府办公业务信息资源数据库(图1.6)。

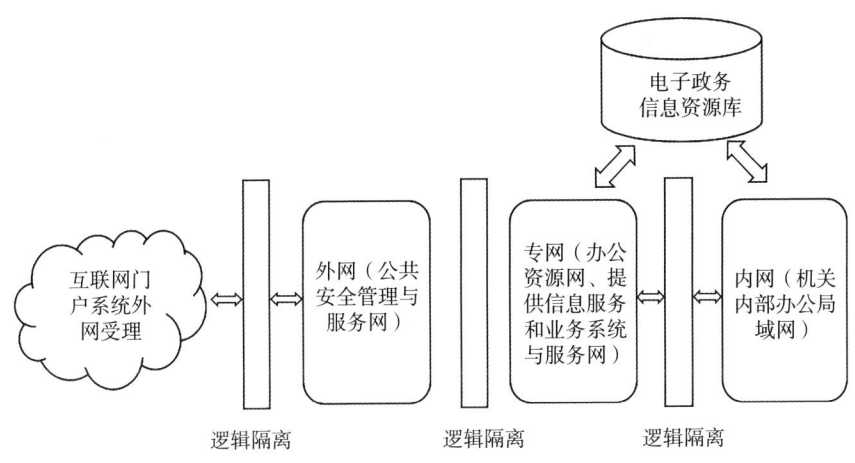

图 1.6 我国"三网一库"架构

2002年,我国政府建立了国务院信息化工作办公室,该办公室成立了电子政务标准化总体组,并研究制定了《电子政务标准体系》和《国家电子政务标准化指南》(第二版),从而指导、推进我国的电子政务标准化建设。同年7月,中共中央办公厅和国务院办公厅联合发布了《国家信息化领导小组关于我国电子政务建设指导意见》(中办发〔2002〕17号),这是我国电子政务的建设性文件,在这个文件的指导下,各级政府围绕"两网一站四库十二金"的发展重点,有序开展电子政务建设（表1.1）。

表1.1 "两网一站四库十二金"建设内容

两网	政务内网、政务外网
一站	政府门户网站
四库	建立人口、法人单位、空间地理和自然资源、宏观经济4个基础数据库
十二金	金财、金农、金盾、金保、金税、金关、金水、金质、金审、金卡、金茂、金企12个业务系统

中共十六大报告进一步指出："深化行政管理体制改革，进一步转变政府职能，改进管理方式，推行电子政务，提高行政效率，降低行政成本，形成行为规范、运转协调、公正透明、廉洁高效的行政管理体制"。2002年，政府开始筹划制定推行电子政务的法律——《电子签名法》《政府信息公开条例》，并分别于2005年4月1日、2008年5月1日正式施行。

2006年，中共中央办公厅、国务院办公厅联合下发《2006—2020年国家信息化发展战略》（中办发〔2006〕11号）。文件指出此后15年我国电子政务未来发展的整体方向和建设目标，改善公共服务推动服务型政府建设，整合资源加强社会管理，推进各业务系统之间的信息共享，强化综合监管等。

在这一期间，以中共中央办公厅、国务院办公厅及原国信办、发展改革委、工业和信息化部等电子政务主管部门相继出台了多项电子政务文件，不断优化我国的电子政务发展环境，为我国电子政务的发展提供了强有力的制度保障。

3. 创新转型阶段（2012年至今）

党的十八大以来，我国政府积极顺应世界潮流，高度重视信息化和电子政务发展，在组织领导、国家战略、顶层设计等方面均为电子政务发展提供了强有力的制度保障。

随着大数据、云计算、人工智能等信息技术的蓬勃发展，我国政府发布相关政策推动电子政务深入融合这些技术。2015年7月，国务院发布了《关于积极推进"互联网+"行动的指导意见》(国发〔2015〕40号),强调"互联网+政务服务",深化电子政务的建设,加快转变政府职能,加快互联网与政府公共服务体系的深度融合,构建服务型政府的重要举措。2016年4月,国务院发布《2016年政务公开工作要点》,指出要加大公开力度,加强政策解读,不断增强公开实效,保障人民群众的知情权、参与权、表决权和监督权等。

当下,除传统政府网站以外,我国政府还借助于微信、微博等新媒体工具提供政务信息服务,开展网上咨询和网上监督,加强与公众的交流。各种移动政务APP的出现,进一步优化了政府服务流程,深化了"数据多跑路,人民少跑路"这一目标。政府借助大数据、云计算、人工智能等技术创新服务模式,提供个性化智能政务服务,线上线下高度融合的一体化政务服务平台不断涌现。

二、国外电子政务发展概况

现在,世界各国都已经意识到建设电子政务的重要性,并在建设电子政务的道路上不断前进。2018年7月20日,联合国经济和社会事务部(United Nations Department of Economic and Social Affairs,UNDESA)发布了《2018联合国电子政务调查报告》(图1.7),该报告以在线服务、电信基础设施、人力资本为3个具体指标,评价了联合国所有成员国电子政务发展状况。丹麦、澳大利亚和韩国电子政务发展指数(e-government development index,EGDI)居全球前3位,之后依

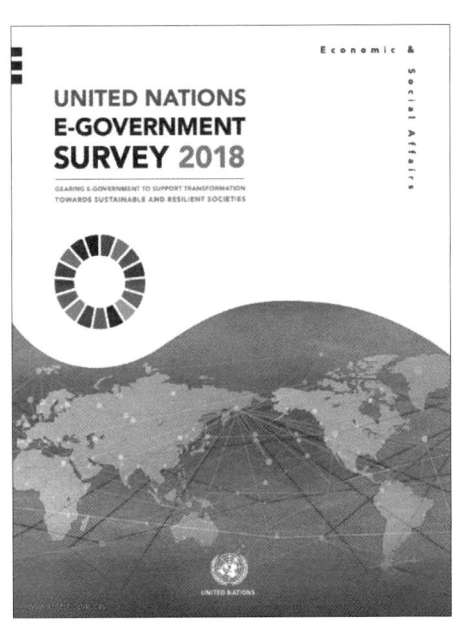

图1.7 2018年联合国电子政务调查报告

次为英国、瑞典、芬兰、新加坡、新西兰、法国和日本等。报告还显示，越来越多的国家加入政府数据开放的行动中。2018年，全球已有139个国家提供了政府数据开放平台或目录，比起2014年的46个，2016年的106个增长显著。各国开放政府数据平台的功能也有显著提升，推出了政府数据开放平台的国家中有74%提供了用户使用和发现数据集的指南，以鼓励用户使用公共数据开发在线应用。

下面以2018年EGDI指数位列前三的国家为例，来探究国外电子政务的发展状况。

1. 丹麦

多年来，丹麦政府一直致力于建设电子政务，为公众、企业提供一个透明度更高、服务更便利的政府而不断努力。在《2018联合国电子政务调查报告》中，丹麦在电子政务领域各项指标表现优异，在利用信息通信技术实施公共服务方面领先全球，电子政务发展指数排名从2016年的第9名跃居全球第一。

20世纪90年代以后，丹麦政府开始不断完善通信基础设施，促进信息化建设和电子政务的发展。1994年，丹麦政府发布了《信息社会2000战略》，"信息社会"的管理理念使人们对信息时代充满激情、梦想，从而奠定了社会信息化的认识基础。

为了更好地推进电子政务建设，制定统一的电子政务建设业务和技术标准，丹麦政府成立了电子政务专责小组（Digital Task Force）和电子政务联合委员会（Joint Board of E-government），来指导电子政务的发展建设。电子政务联合委员会于2002年发布了政府战略——《走向电子政务：丹麦公共部门的设想和战略》，提出建设电子政务的设想，系统地运用信息技术，引入新的思考方式和组织文化，实现政府职能转变，以提升行政服务效率和质量。

丹麦政府在电子政务建设中始终贯彻以公民和企业为中心的思想，如2002年推出"eDay""eDay2"等项目，使所有公民和企业可以通过电子化的方式与政府部门进行交流，获得电子服务。2004年，丹麦公布了2004—2006年新的电子政务战略，目标是建成一个高效、以公众为中心，能为公民和企业提供高质量服务的政府。2010 年，丹麦政府 80% 的业务都可以在网上完成。2016 年，丹麦开始实施 2016—2020 年数字战略，充分利用信息通信技术来完善政府的公共服务，提升公众和企业的透明度和便利度。

2. 澳大利亚

从 1996 年 3 月起，澳大利亚政府对电子政府计划的重视大大提高，1997 年，澳大利亚总理霍华德在《投资以促进增长》（Investing for Growth）的政策声明中提出，在 2001 年年底实现"将所有适于上网的服务全部搬上网"的目标。为了实现这一目标，澳大利亚政府于 1997 成立了在线委员会，同年 9 月，还成立了国家信息经济办公室（后改名为澳大利亚政府信息管理办公室），来协调管理国家信息经济建设方面存在的问题。2000 年 4 月，澳大利亚制定了"政府在线策略"，到 2001 年年底，联邦政府已经可以通过互联网为公众提供一切适当的服务，在网上可获取的政府服务和信息资源超过 1600 项。

2002 年 11 月，澳大利亚联邦政府提出了以"更优的服务，更好的政府"为目标的电子政务战略，从而建立起无缝的、满足需求的、以客户为中心的、为全体澳大利亚人民谋利益的政府，将工作重点转向在政府管理和服务中更广泛地应用信息技术。2006 年 3 月，澳大利亚政府信息管理办公室发布了《2006—2010 年澳大利亚电子政务发展战略：建设一个反应灵敏的政府》，目标是进一步提高澳大利亚的电子化服务提供水平，建成一个积极响应的政府。

为了使公众享受的公共服务更加便捷，澳大利亚政府以客户需求为导向设计了公共服务流程。公民不需要了解政府各个机构的设置情况，也不需要知道特定业务由哪些政府部门负责，就能够在提供单一登录功能的系统中方便地获得服务。此外，为方便公众办事，澳大利亚政府还设定了到 2010 年取消 50% 的表格的目标，这一目标要求不同政府部门所需的各种表格之间要实现信息共享，从而尽可能地减少公民输入信息的需求。实现这一目标后可以显著减少重复输入，降低更正错误的成本。

3. 韩国

2003年，韩国首次参与联合国全球电子政务调查评估，并于当年排名世界第13位；2010年、2012年、2014年均位列第一；2016年在英国与澳大利亚之后位居第三；在最新的2018年联合国电子政务排名中仍位列第三。在韩国，公民可以通过互联网在线申办户籍迁出、迁入申请、工商企业登记证明、大学毕业证等与日常生活关系密切相关的文件证明多达3000多种。

韩国政府把信息化建设作为经济发展的重点，从1987年起就开始进行公共事务计算机试点，扶持IT产业。为推进电算化，韩国政府成立了信息产业育成委员会（后重组为电算网调整委员会），并制定了《普及和促进利用网络法》。1995年，制定了韩国信息基础设施（Korea Information Infrastructure，KII）计划，以推进信息基础设施建设。同年，韩国政府颁布了《促进信息化基本法》，并提出了到2000年实现信息化程度达到世界最高水准，建设"小型高效电子政府"的目标，为持续推进建设高效电子政府指明了方向。2001年，韩国政府特别设立了电子政务特委会，以保证电子政务建设在各个部门的协作顺畅。2001年，通过了《缩小数字鸿沟条例》《保护主要信息基础设施条例》《关于推进行政部门的信息化以实现电子政府条例》等一系列法规，为韩国的政务信息化建设提供了完善的立法保障。此后，韩国政府陆续推出了"Cyber Korea 21""e-Korea Vision 2006计划""Broadband IT Korea Vision 2007""国家信息化基本计划"等计划，来持续推进电子政务建设。经过历代政府的不懈努力，韩国基本实现了中央政府和地方政府之间，各部门、各级政府之间行政资料的共享，这为韩国进入21世纪在电子政务建设方面的持续领先奠定了有利基础。2013年，韩国行政自治部调查数据显示，80.3%的网络用户（16～74岁）在一年内使用过1次以上电子政务，经由电子政务系统发行的各种申请与文件表格占年度发行总量的77%。随着电子政务的不断发展，随时、随地的移动电子政府成为一种新的趋势，韩国开始实施U-Korea，U-City等移动政务计划，利用无线通信与移动计算技术将部分电子政府服务功能转入移动网络。

第三节 人工智能发展现状

人工智能（artificial intelligence，AI）诞生于 1956 年达特茅斯的研讨会上，在 20 世纪 50 年代末和 80 年代初先后引起两次研究热潮，但由于算力不足、技术瓶颈、应用成本高等局限而跌入低谷。进入 21 世纪，在（移动）互联网、云计算等新一代信息技术的引领下，随着大数据的积累，计算力的大幅提升，算法模型持续创新，人工智能迎来了新的发展机遇，各行各业几乎都可以一窥 AI 的身影。人工智能迎来了它的第三次繁荣发展。

一、人工智能的前世今生

人工智能的发展历史如图 1.8 所示。

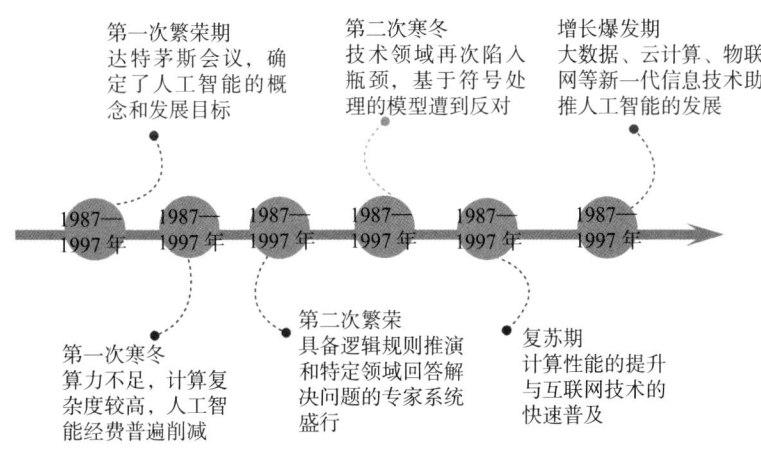

图 1.8 人工智能的发展历史

1. 诞生

很久之前，人类就有制造机器助力人类工作的幻想，"人工智能"并不是一个新话题,其历史背景可以追溯到遥远的过去。如何判断一个系统是否具有了智能呢?图灵测试给出了答案。1950年,艾伦·麦席森·图灵(Alan Mathison Turing)(图1.9)发表了一篇题为《机器能思考吗》的论文,他提出一个假想:一个人在不接触对方的情况下,通过一种特殊的方式,和对方进行一系列的问答,如果在相当长的时间内,他无法根据这些问题判断对方是人还是计算机,那么就可以认为这个计算机具有与人相当的智力,即这台计算机是有智能思维的。这就是著名的"图灵测试"(Turing testing)(图1.10)。

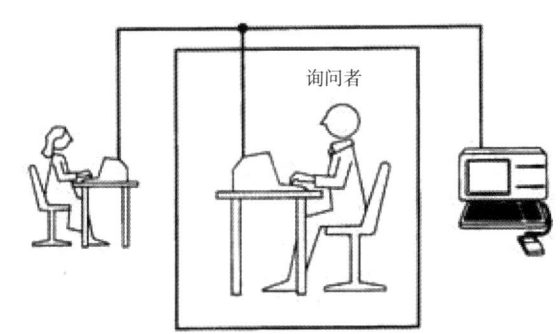

图1.9　艾伦·麦席森·图灵　　　　图1.10　图灵测试示意

1955年,美国西部计算机联合大会在洛杉矶召开,在讨论会上,奥利弗·塞弗里奇(Oliver Selfridge)和艾伦·纽厄尔(Allen Newell)分别提出了对于计算机模式识别与计算机下棋的研究,人工智能的雏形得以出现。

一年之后,美国达特茅斯(Dartmouth)大学召开了夏季学术讨论会,除了前面提到的两位科学家外,约翰·麦卡锡(John McCarthy)、克劳德·香农(Claude Shannon)、马文·明斯基((Marvin Lee Minsky)、赫伯特·西蒙(Herbert Simon)等当时顶尖的科学家也参与其中,会上第一次正式提出了"人工智能"这一术语,人工智能作为一门新兴学科正式诞生。这次会议确定了人工智能未来的发展方向,也确定了人工智能最初的发展路线和发展目标,为未来人工智能的发展奠定了基础。

在达特茅斯会议召开之后的几年时间里,政府大量拨款支持人工智能研究,人工智能飞速发展，取得了不少研究成果。科学家将符号方法引入统计方法中进行语义处理，出现了基于知识的方法，人机交互开始成为可能。1957年，纽厄尔和西蒙开发了一个被称为"一般问题解决者"（General Problem Solver, GPS）的程序，该程序可以解决一些通用问题。在同一时期，IBM公司的阿瑟·塞缪尔（Arthur Lee Samuel）提出了机器学习理论，并设计出可以与人类对战的西洋跳棋程序，开创了计算机模拟人类学习过程的先河，于1962年成功击败了美国的西洋跳棋大师。第一个名为"Eliza"的应用在临床心理治疗中的聊天机器人也出现了，这让人们误以为机器有了人的意识（图1.11）。

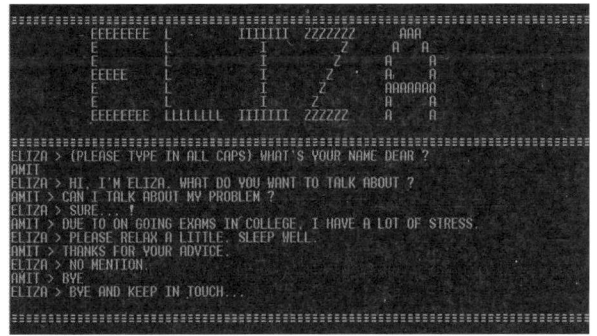

图 1.11　与 Eliza 的对话
来源：https://cul.qq.com/a/20170711/017527.htm

科学家们取得的研究成果彰显出人工智能这一新兴学科旺盛的生命力，同时，也使得当时的人工智能学界处于盲目的自信之中。1965年，西蒙曾言："只需20年，机器就能做人类能做的所有工作"。两年之后，明斯基也说："在一代人的时间之内，创造人工智能的问题就将得到彻底解决"。现在看来，当时学界对人工智能的发展过于自信乐观。

2. 寒冬与春天

1973年，数学家詹姆斯·莱特希尔（James Lighthill）在为英国科学院撰写的一份报告中评判了人工智能基础研究中的自动机、机器人和中央神经系统，他得出结论："自动机和中央神经系统的研究有价值，但进展令人失望。机器人的研究没有价值，进展非常令人失望。建议取消机器人的研究"。人工智能基于的数学模型被发现存在一定的缺陷，计算任务的复杂性不断加大，算力上的不足，使人们逐渐发现人工智能要想实现最初的目标还有很长的路要走，研发机构对人工智能的热情逐渐冷却，政府对人工智能的资助也相应被缩减或取消，人工智能进入了第一次寒冬时期（AI winter）。

直到 20 世纪 80 年代，人工智能才开始慢慢回春，多层神经网络、BP 反向传播算法等数学模型的重大突破，专家系统（expert system）的应用，美国、日本等国家的立项投资带来了人工智能的又一次繁荣期。模型算法的进步催生了能与人类下象棋的高度智能机器的出现，借助于人工智能网络，一些机器甚至可以自动识别信封上的邮政编码，精确度可达 99%，超过了当时普通人工的水平。专家系统以已有的巨量知识库为基础，可以解决某个专业领域的实际问题，帮助工业界降低了大量成本，创造了大量收益。例如，美国的 DEC 公司使用诸如 XCON/R1 等专家系统，每年在电子设备的生产、组装等环节可节约千万美元量级的费用。1982 年，日本投入巨资研发第五代计算机项目，即继第一代（真空管）、第二代（晶体管）、第三代（集成电路）、第四代（微处理器）计算机之后的新一代计算机，可以进行大规模并行计算，提高计算力。受日本的影响，西方国家也纷纷资助本国的人工智能项目。1983 年，英国发起预算高达 3.5 亿英镑的阿尔维（Alvey）工程。第二年，美国国防高级研究计划局（DARPA）启动战略计算计划（Strategic Computer Initiative），这些国家对第五代计算机项目的支持助推了人工智能的发展。随着 1987 年第一次神经网络国际会议在美国召开，神经网络作为一门新学科诞生，各国对神经网络方面的投资也逐渐增加，神经网络在这一时期高速发展，科学家们开始广泛进行基于人工神经网络的人工智能算法研究。

然而，虽然这一时期与之前相比，算力和硬件水平有了巨大的进步，但仍然不能满足进一步发展的要求，深度学习在当时的条件下仍然无法实现。1987 年，由于 LISP 机市场崩塌，美国取消了人工智能预算，专家系统进展缓慢，加之日本的第五代计算机未能突破关键性的技术难题实现人机对话,最终以失败告终,人工智能的研究热潮慢慢冷却,人工智能预算再次锐减,人工智能在20世纪90年代再次进入了寒冬期。

3. 复苏与爆发

直到20世纪90年代末,人工智能才开始慢慢复苏。1997年,"深蓝"(Deep Blue)成功战胜了国际象棋大师加里·卡斯帕罗夫(Garry Kasparov)(图1.12),"深蓝"的胜利,标志着信息技术又上了一个新台阶,人们从此不得不认真地思考人与电脑的关系。进入20世纪,互联网、大数据、云计算推动人工智能进入新的春天,基于大数据的深度学习与增强学习成为可能,以及基于神经网络下的深度学习算法的重大突破,为人工智能的这一轮爆发提供了理论基础。

2016年,谷歌人工智能围棋软件AlphaGo以4:1的总比分战胜世界围棋冠军李世石,这场机器对人类的胜利,让人工智能从行业议题变成了公众讨论。近几年,人工智能

图1.12 国际象棋

的大量成果也逐步进入人们的日常生活,如记录人类健康数据的智能手环,广泛应用于火车站验票、酒店入住等场景的人脸识别技术,智能手机的智能语音技术,智能家居中的扫地机器人等,智能产业开始实现爆发式增长。

二、政府与IT巨头:谁与争锋

目前,越来越多的政府和企业逐渐认识到人工智能在经济和战略上的重要性。美国、英国、德国等国家和组织对人工智能技术高度重视,通过资金和政策等方式推动语音识别、深度学习、图像识别等产业的布局和发展。我国同样

十分重视人工智能的发展，从 2015 年开始先后发布多项支持人工智能发展的政策，为人工智能技术发展和落地提供大量的项目发展基金，并且对人工智能人才的引入和企业创新提供支持。2016 年，发展改革委、科技部等四部委联合发布了《"互联网+"人工智能三年行动实施方案》；2017 年 3 月，"人工智能"首次被纳入中国政府工作报告；同年 7 月，国务院印发了《新一代人工智能发展规划》，提出了面向 2030 年我国新一代人工智能发展的指导思想、战略目标、重点任务和保障措施，部署构筑我国人工智能发展的先发优势，加快建设创新型国家和世界科技强国；2019 年的政府工作报告提出"智能+"这一概念，深化大数据、人工智能等技术的研发应用，壮大数字经济（图 1.13）。

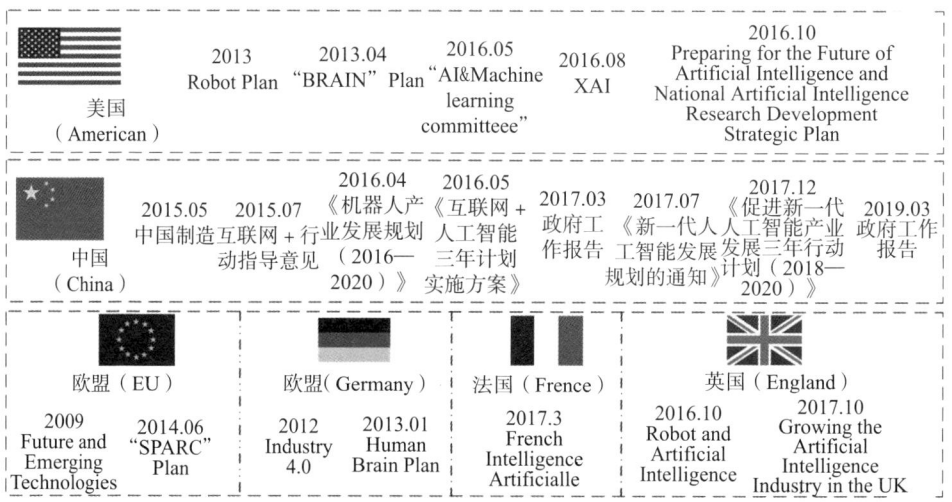

图 1.13　各国关于人工智能的政策

在商业领域，互联网公司同样不甘示弱，以 IBM、微软、亚马逊、脸书、谷歌、百度为代表的 IT 巨头纷纷开始布局人工智能领域，抢占市场先机，各种人工之智能应用如雨后春笋般涌现。

2011 年，IBM Watson 在综艺节目《危险边缘》中一战成名，这个认知计算系统基于自然语言处理技术，通过对大量非结构化的数据进行处理，理解和应用现实世界的信息和规律。IBM 随后推出了相关产品，如 Watson 发现顾问、Watson 参与顾问、Watson 肿瘤治疗、Watson 临床试验匹配等，并被应用到人们的实际生活中。

谷歌对人工智能的研究一直走在世界前列。2012 年，谷歌大脑利用非监督深度学习方法成功从大量视频中识别出一只猫；2016 年，谷歌 AlphaGo 机器人在围棋比赛中击败了世界冠军李世石，又于 2017 年战胜了当年世界冠军柯洁；2018 年，在谷歌 I/O 大会上，谷歌推出了全新的模拟人类语音的人工智能工具谷歌 Duplex，能够帮助用户电话叫外卖、回复邮件等。在机器翻译、无人驾驶汽车领域，谷歌也取得不少的成就。

2014 年，微软公司推出了一款实时口译系统，可以模仿说话者的声音并保留其口音；微软发布了全球第一款智能助理——Cortana 智能助理系统，2015 年还展示了 Skype 的语言转化系统。另外，苹果的 Siri 智能助理、亚马逊智能音箱 Echo 和个人助手 Alexa、仓储机器人 Kiva 等项目对人工智能的发展都产生了巨大影响。

三、人工智能的技术热点和应用

总体而言，人工智能研究的一个主要目标就是使机器能够胜任一些通常需要人类智能才能完成的复杂任务。在实现这一目标的过程中，一些关键技术尤为重要，推动了人工智能的发展，如机器学习、自然语言处理、计算机视觉、知识图谱、语音识别、生物特征识别等人工智能技术。

机器学习（machine learning）：机器学习是人工智能的核心技术，涉及统计学、神经网络、优化理论、计算机科学、脑科学等诸多领域，通过反复试验，计算机学会了如何学习，如何从信息中挖掘有助于预测未来事件的数据。数据集越大，就越容易准确地判断正常或异常行为。当电子邮件程序把一封邮件标记为垃圾邮件，或者信用卡公司警告可能存在信用卡欺诈使用时，可能会涉及机器学习。简单来说，机器学习就是研究计算机怎么模拟人脑进行分析学习，来获得新的知识或技能。目前广受关注的"深度学习"就是机器学习研究中的一个新兴领域。

自然语言处理（natural language processing）：人们日常生活中用于交流的语言，如汉语、英语、法语、西班牙语即人类的语言被称为自然语言，而计算机可以识别的语言是程序语言。自然语言处理实现的是人与计算机之间应用自然语言进行有效交流的各种方法和理论，使计算机可以理解文本词汇的含义，理解这个词语在语句、篇章中所代表的意思。自然语言处理使得机器可以理解运用人类的语言，从而代替人的部分脑劳动，如机器翻译、摘录文献、整理资料、解答问题等。

计算机视觉（computer vision）：计算机视觉是一门研究如何使机器"看"的科学，就是代替人眼对目标进行识别、跟踪和测量等机器视觉，并进行进一步的图形处理，使电脑处理成为更适合人眼观察或传送给仪器检测的图像。人类的眼睛具有识别物体、场景和活动的能力，计算机视觉技术使得计算机可以模仿人类的视觉系统，使其具有在自然发生的图像中识别物体、场景和活动的能力。脸书对数百万用户照片进行分类、淘宝上的搜图购物、现代女性常用的美颜相机、直播平台的监管、安防和监控领域指认嫌疑人等都应用了计算机视觉技术。

知识图谱（knowledge graph）：知识图谱是一种由节点和边组成的图书数据结构，以结构化的形式描述物理世界中的概念、实体及其相互关系，将互联网的信息表达成更接近人类认知世界的形式，可以更好地组织、管理和理解互联网海量信息。通俗地说，知识图谱就是把所有不同种类的信息连接在一起而得到的一个关系网络，提供了从"关系"的角度去分析问题的能力。知识图谱可以分为通用知识图谱和领域知识图谱，前者可以看成"结构化的百科知识库"，后者常常用来辅助各种领域复杂的分析应用或决策支持。知识图谱在语义搜索、智能问答及可视化决策支持方面具有巨大的优势，还可以用于反欺诈、不一致性验证、组团欺诈等公共安全保障领域（图1.14）。

语音识别（speech recognition）：通过信号处理和模式识别技术可以让机器把接收到的语音信号转换为等价文字信息或命令，实现人与机器以语音的方式直接交流，让机器能够理解人的意图，并根据指令做出相应的反应。智能手机的语音助手，智能音箱、智能车载、智能家电都利用了语音识别技术（图1.15）。

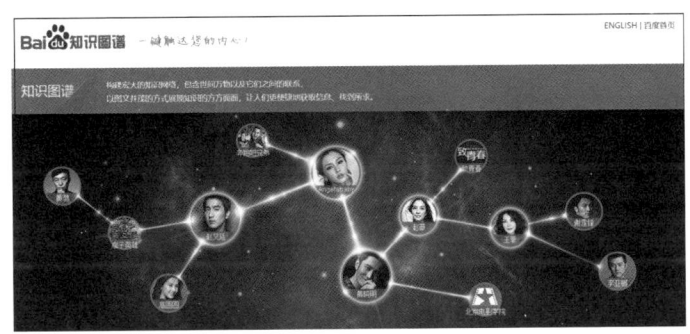 

图 1.14　百度知识图谱　　　　图 1.15　苹果手机助手 Siri

生物特征识别（biometrics）：每个个体都有独一无二的可以测量或可以自动识别的生理特性或行为方式，如指纹、虹膜、声音，生物特征识别技术就是利用个体的生理特征或行为特征，来对个人身份进行鉴定。生物特征识别的内容广泛，如指纹、面相、虹膜等生理特征，声音、步态、笔迹等行为特征，识别过程涉及图像处理、计算机视觉、语音识别、机器学习等多项技术。在金融、公共安全、教育、交通等领域作为一种智能化身份认证技术得到广泛的应用（图1.16）。

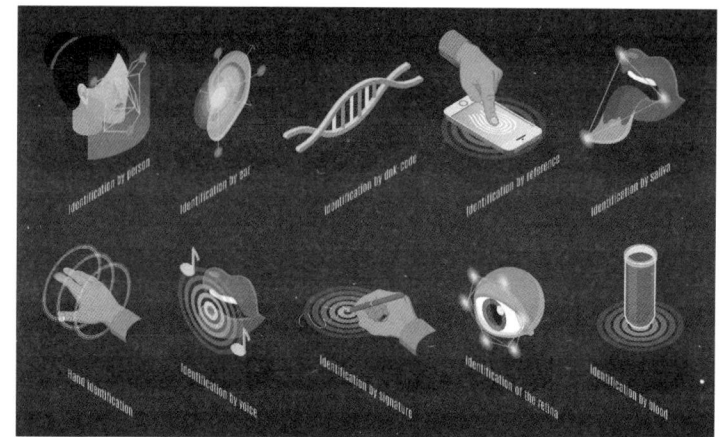

图 1.16　生物特征识别

参考文献

[1] 丁宇．走向善治的中国政府管理创新研究 [D]．武汉：武汉大学，2011．

[2] 宋德福．中国政府管理与改革 [M]．北京：中国法制出版社，2001．

[3] 张良．公共管理学 [M]．上海：华东理工大学出版社，2001．

[4] 刘月．"互联网 + 政务服务"发展策略的研究 [D]．长春：吉林财经大学，2017．

[5] 李晓方，孟庆国．政务服务 O2O：模式比较与最佳实践 [J]．电子政务，2018(11):59–68．

[6] 周宏仁．电子政务全球透视与我国电子政务的发展（上）[J]．信息化建设，2002（4）：12–19．

[7] 中国互联网络信息中心 (CNNIC)．第 43 次《中国互联网络发展状况统计报告》[EB/OL]．（2019-02-28）[2019-06-20].http://www.cnnic.net.cn/hlwfzyj/hlwxzbg/hlwtjbg/201902/t20190228_70645.htm．

[8] 王晋．电子政务概论 [M]．北京：中国社会科学出版社，2014：51–66．

[9] 翟云．改革开放 40 年来中国电子政务发展的理论演化与实践探索：从业务上网到服务上网 [J]．电子政务，2018（12）：80–89．

[10] 金江军．电子政务理论与方法 [M].3 版．北京：中国人民大学出版社，2013．

[11] 廉成，杨飞，张恒烨. 韩日电子政务发展状况评析[J]. 管理观察，2018（19）：84-85.

[12] 庞宇. 英国电子政务的发展转型及经验启示[J]. 电子政务，2018（2）：62-70.

[13] 胡广伟，曹银美. 基层政府智慧政务之路：政务服务O2O整合路径与实践[M]. 北京：科学出版社，2017.

[14] 蔡立辉. 电子政务[M]. 北京：清华大学出版社，2009.

[15] 张梓堃. 人工智能的历史与发展[J]. 数字通信世界，2018（11）：149-150.

[16] 潘云鹤. 人工智能走向2.0[J]. Engineering，2016，2（4）：51-61.

[17] 卡鲁姆·蔡斯. 人工智能革命——超级智能时代的人类命运[M]. 张尧然，译. 北京：机械工业出版社，2017.

[18] 彭棉珠. 人工智能的研究进展和应用概述[J]. 科技广场，2017（10）：110-113.

[19] 汇法网. 德勤发布：中国人工智能产业白皮书[EB/OL].（2019-03-19）[2019-06-20]. http://www.360kuai.com/pc/967dfdc20d9b390ff?cota=4&tj_url=so_rec&sign=360_57c3bbd1&refer_scene=so_1.

[20] 人工智能学家.《人工智能标准化白皮书（2018版）》发布[EB/OL].（2018-01-21）[2019-06-20]. https://blog.csdn.net/cf2suds8x8f0v/article/details/79124345.

[21] 陆斌，刘丽，李继荣，等. 人工智能及应用[M]. 北京：清华大学出版社，2017.

[22] 喻长庚. 国外电子纳税服务的经验与借鉴（上）[J]. 湖南税务高等专科学校学报，2008，21（6）：4-7.

第二章

政府管理和政务服务需要人工智能助力

随着经济社会快速发展，人民生活习惯持续变迁，国内外政治经济社会环境日趋复杂，我国的政府管理和政府服务不断面临新的挑战。与此同时，人工智能技术的进步，以及相关应用领域、场景的不断拓展，也给政府管理和政务服务带来了新的发展机遇。此外，国内外政府部门在人工智能＋政务的领域做出了诸多有益的探索，也取得了一定的成效，这都为智能政务的发展提供了重要的参考，也树立了做好智能政务的信心。我们可以大胆的论断：人工智能＋政务必将成为政府管理、政务服务未来发展的重要趋势，人工智能技术在政务领域的应用，将为政府管理水平和政务服务能力的快速提升插上腾飞的翅膀。

第一节　政府管理和政务服务面临的新挑战

近年来，在党中央的坚强领导下，各级政府按照统一部署，持续开展政府改革，转变政府职能，持续简政放权，提高服务效能，优化服务水平，提升管理能力，取得了有目共睹的成果。

特别是党的十八大以来，以习近平同志为核心的党中央高度重视以信息化推进国家治理体系和治理能力现代化，强调要加快推动电子政务，打通信息壁垒，构建全流程一体化在线服务平台，助力建设人民满意的服务型政府。国务院将"互联网+政务服务"作为深化"放管服"改革的关键环节，专门印发文件，做出全面部署。各部委和地方政府都在积极探索，深入推进"互联网+政务服务"，加强信息共享，优化政务流程，一批堵点难点问题得到初步解决，服务创新典型不断涌现，引领政务服务创新改革不断取得新成效。在提升政务管理能力方面，以建设"服务型政府"为目标，持续转变政府职能，精简政府机构，通过管理创新和技术创新不断提高政府管理能力和管理水平。

与此同时，我们也应该清醒地认识到，面对经济社会快速发展，一些地区、一些领域的政府管理水平和政务服务水平仍面临不小的挑战，仍与经济社会发展、人民生活需求存在一定的差距，这些挑战和差距集中体现在以下几个方面。

1. 政府管理方面

(1) 政务信息资源分散、孤立，信息孤岛广泛存在

政务信息数据被分割存储在不同部门或行业的信息系统中，这些信息系统有的相对孤立、未进行数据共享，有的存在物理隔离，无法实现数据交换。因此，无法实现整个政府内部信息和数据的有效互联互通、互相分享、交换利用，各个系统也仅能独立运行，无法协同工作，更谈不上向社会共享、服务社会大众。

据中国互联网信息中心2019年2月发布的第43次《中国互联网络发展状况统计报告》数据显示，截至2018年12月，我国共有政府网站17 692个，在线政务服务用户规模达3.94亿人，占整体网民的47.5%，共有31个省（区、市）开通了微信城市服务，微信城市服务累计用户5.7亿人，政务头条号（今日头条平台）78 180个，经过新浪平台认证的政务机构微博达到138 253个（图2.1至图2.4）。这些数据还仅仅是各级党政机关、政府部门面向社会公众的宣传、服务平台，如果加上各类自身运营、管理、业务相关的外网、内网、专网平台，数量将更为惊人。这些平台、数据、信息等资源如果整合在一起，将会发挥巨大的、

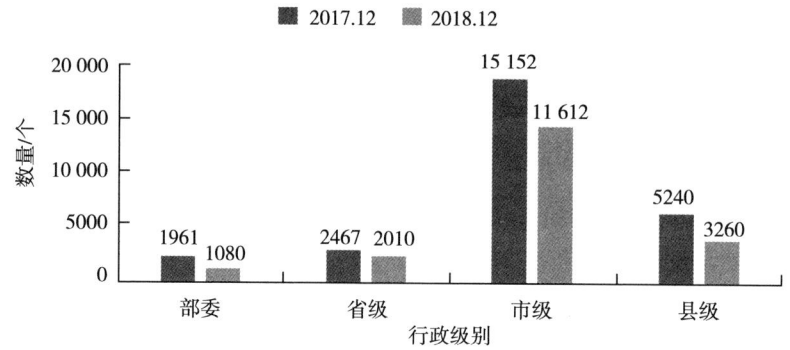

图 2.1 各行政级别政府网站数量

来源：第43次《中国互联网络发展状况统计报告》，图2.2至图2.4同。

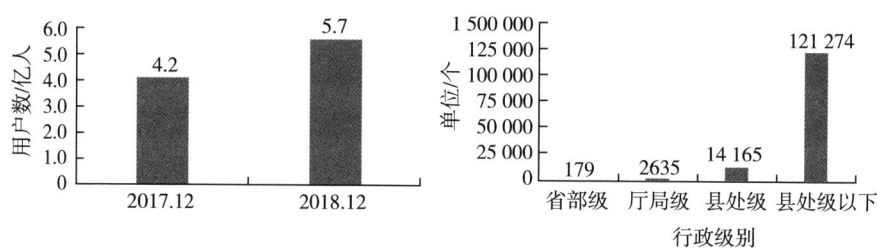

图 2.2 微信城市服务累计用户数

图 2.3 各行政级别政务机构微博数量（截至2018年12月）

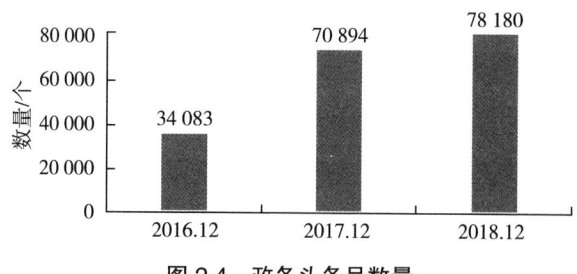

图 2.4 政务头条号数量

不可预测的重要作用，但由于信息孤岛的存在，这些作用还有待通过技术的革新和管理制度的变革进行发掘。

政务信息孤岛的出现，有其历史原因：一方面，政务信息化建设早期阶段缺少统一规划，各级政府部门各自为政，单纯从自身业务需求出发，建设信息化系统,而未考虑信息的共享和交换功能;另一方面,随着技术的持续快速发展,各部门信息化建设的发展程度逐渐出现较大的差距,区域、部门间的不平衡,技术路线差别和发展水平差距导致信息互联互通难度大。有些政府部门或业务流程出于保密安全等因素考虑,有着所谓内网、外网的差别,也有很多部门(如公安、税务等)都建设了的本部门业务专网,这就导致系统、信息、数据存在物理的隔离,无法交互。此外,由于以往政府职能条块分割,各部门之间职能互不重叠,加上边界意识、本位主义的影响,导致各部门信息共享、交互的意愿较低。总体来看,由于政务信息的孤岛现象由来已久、形成原因多样,因此,改变这种现象的政策难度和技术难度都很大,按照传统的做法需要花费大量的人力、物力和时间成本。

(2)政府公共政策制定全过程均缺少及时、充分的信息支撑

公共政策是指政府通过对资源的战略性运用,以协调经济社会活动及相互关系的一系列政策的总称。具体包括以下几点。

①管理政策。以实施罚款、奖励等规章为重点,保证公众对公共必需品的平等使用。例如,针对科技创新的奖励政策、针对交通违法行为的处罚措施都属于管理政策的范围。

②分配政策。通过安排、部署各种公共计划,达到全体公民都能享受使用国家天然资源及智力资源,并通过直接津贴和保险来分配财政资金。例如,政府对公平就业、公民教育等领域的普遍性政策,都属于对公共资源、自然资源等制定的分配政策。

③再分配政策。以满足公民最低限度的物质需要为目标,把各种赋税收入引向各种援助计划。再分配政策考虑了因自然环境、区位差距、历史原因等因素导致的初次分配中存在的不平等、不公平、不协调等现象,通过国家预算中的转移支付、金融信贷政策、价格政策等方式,进行针对性的调节。

④立法政策。运用政府权力和政府拥有的资源来改变整个经济、社会、政治环境。国家立法机关的立法政策通常是执政党政策的体现,是使执政党的方

针路线通过法定程序转化为国家意志的必要前提和步骤。

公共政策制定的一般过程分为问题确认与议程设定、政策形成、政策合法化、政策执行、政策评估等阶段。由于公共政策制定后，都会影响所有公众或特定公众，这种影响原则上应该对绝大多数公众有益，当然也不可避免地会对部分公众中性或带来负面影响。因此，如何确保政策制定、实施后能够达到预期的指导或调控效果，就成了公共政策制定部门必须要考虑的因素。传统的公共政策制定，在事前多数依靠主管部门的个别人员、相关领域专家进行政策拟定，一般也会邀请少数受政策影响的群体进行研讨、意见征集，并在政策实施后进行反馈意见的搜集及实施效果的研判。但是，随着经济社会发展和技术进步，互联网尤其是移动互联网技术的发展，社会公众的信息获取渠道逐渐移动化，移动互联网逐渐成为公众表达意见、释放情绪、关注时事、接收和传递信息的主要渠道，公共政策制定过程各个环节的传统做法也受到了挑战。

据《第43次中国互联网络发展状况统计报告》统计显示，截至2018年12月，中国网民规模达8.29亿人，普及率达59.6%，较2017年年底提升3.8个百分点，全年新增网民5653万人，中国手机网民规模达8.17亿人，网民通过手机接入互联网的比例高达98.6%，全年新增手机网民6433万人，在线政务服务用户3.94亿人，占整体网民的47.5%。从这些数据可以看出，互联网、移动互联网已经成为社会大众的生活、工作不可分割的一部分。在此社会背景下，如何在公共政策制定前，通过官网、电话、听证会、社交媒体、线下调查等渠道，全面深入地调查研究公众诉求，如何在政策发布前与相关公众全面有效地沟通并对草案进行修改，如何政策发布后开展有效宣传和引导，如何在海量、离散、个性化表达的信息中获取对公共政策制定、修改有用的信息等，就成为政务管理面临的新课题、新挑战。

(3) 政府应急管理处置协同难

当前，我国处于突发事件的高发期，突发事件的种类、频率及规模不断变化，且影响程度不断增强。未来很长一段时间内，这种现状仍然会持续，严重影响社会生活的稳定秩序，给人民群众生产生活及自然生态环境造成巨大损失。随着国家对安全的日益重视、民众自我保护意识的加强，人们对安全的需求日益提升，提高应对突发事件的综合能力，保障公众生命财产安全，维护社会稳定尤为重要。

突发事件一旦发生，政府需要第一时间进行妥善处置，在此过程中，可能会涉及应急管理、军队、警察、专业救援队、医疗机构、交通、气象、水电、民政、志愿者、社会大众等方方面面的力量介入。这么多的层级、部门、人员在时间紧、压力大、职责分工不清、外部环境恶劣、技术手段落后、物资资源紧缺等综合因素的影响下，极容易发生指挥混乱，跨区域、跨部门协同困难，信息分散，信息来源多、数据量庞大、缺少实时分析研判，统一指挥协调难度大等问题，最终可能会导致事件处置不及时、灾情或影响蔓延、人员财产损失扩大、引发次生灾害等不利影响。

2. 政务服务方面

（1）政府与公众交流互动效果差

随着电子政务的多年发展，政府根据技术手段进步和公众习惯变迁，建立了多种多样的交流互动平台，包括政府官网、微信公众号或服务号、政务微博、政务APP、政务热线、行政服务大厅、部门电话、邮箱、信访大厅等，可谓种类繁多、覆盖全面，起到了很好的信息传播作用和一定的信息互动效果。

但由于主观意识、资源投入、历史发展等因素的差异，不同区域、不同部门的政府与社会公众互动的有效性、便捷性、统一性参差不齐，不少地区和部门虽然建立了多种沟通渠道，但要么因为宣传不到位，公众不知情，要么因为管理不到位，渠道形同虚设，要么因为反馈不及时，公众不满意，最终的表现无外乎沟通效率低、权重满意度低、沟通互动的及时有效性低，达不到政府与公众互动的效果，仅仅流于表面。

（2）公共需求精准预测难度大

政府作为社会公共产品和公共服务的提供者，负责对交通、教育、医疗、住房、水电气、文化娱乐等公共设施、公共产品、公共服务进行规划、建设、供给、维护，这些公共资源的需求内容、需求数量、需求时间根据不同的区域、人群有着不小的差异，而且，这些服务能力的形成需要大量的资金投入和相当长的时间。因此，如何将有限的公共预算在合理的周期内投入到适当的公共资源建设上，从而在未来的合适时机满足一定的社会需求，就成为政府管理者不得不面临的难题。

而由于公共资源、公共服务能力、资源分布的不均衡，同时，大众的需求内容、形式、数量多样、多变、个性化，容易导致需求和供给之间的不对称，而那些需求无法得到满足的人群容易产生激烈的负面情绪，甚至容易引发社会问题。

(3) 政府服务效率亟待提升

随着各级政府向"服务型"政府转型，政府服务的内容、服务渠道不断扩展，社会公众也逐步地习惯了把政府部门看作是服务机构，积极寻求所需的帮助、办理所需事项。而无论是线上还是线下的政府服务项目，目前多数都需要人工参与资料的审核、结果的反馈；而相应政府服务人员与公众需求数量、所需解决问题的难度、公众期待的响应速度之间就难免产生矛盾。

这些矛盾可以简单地归结为一些政府服务的效率低下，社会公众所需服务等待时间长，一个服务事项需要跑多次才能解决，有些问题长期无法得到解决等现象时有发生；而社会公众所需的政务服务能否得到快速、彻底的解决，决定了社会公众对政府服务是否满意，最终也会影响公众对政府的信任度。

3. 社会治理方面

(1) 复杂社会问题研判难度大

社会的发展变革，人民对幸福生活的向往，部分社会问题长期无法有效解决，一些政府部门、政府工作人员的服务态度差和能力不高，媒体尤其是自媒体的高度发达，信息尤其是不实信息的快速传播等，导致政府对于原本就错综复杂的社会问题，更加难以分析研判。同时，互联网、移动互联网的普及，使得每个人在网络中都成为可以自由选择并重新组织信息的行动主体,大大方便了人类的生活和信息交互。然而,由于网络具有赋权和控制的双重功能,网络行为所内含的不可预测性也会对现实社会秩序造成威胁和冲击。这主要表现在:一方面,互联网的应用促进了用户的价值观认同,使得网络社会中的集聚效应越来越明显;另一方面,基于群体认同的网络社会分化,不但加剧了极端情绪的宣泄,也使得极端人群的群体间对立愈发严重。

(2) 社会矛盾预防和化解工作效果不佳

当前,我国正处于经济发展转型期,深化改革攻坚期,社会利益格局调整期,不同方面、不同领域的安全问题跨界传导、叠加共振,社会矛盾日益凸显,社会矛盾总体上呈现"四个转变"带来的"四个明显态势"和"十个特点"。随着人民群众从实现基本物质文化需要向同步追求高品位物质文化的转变,消费类、物业类等不同类型的社会矛盾明显增多,矛盾纠纷的多发性、多领域、多主体态势明显;随着人民群众从实现外在物质需要向同步追求精神心理满足的转变,一些维权活动既"争利益"也"要权益",矛盾纠纷的复杂性、疑难性态势增强;随着人民群众从单纯的个体受益向同步追求参与社会事务转变,一些民生热点问题常常衍化为对政治体制、社会制度的探讨甚至攻击,矛盾纠纷低燃点、扩散性态势明显;随着人民群众从注重现实安全向同步追求长远安宁转变,"邻避运动"时有发生,呈现由保护自身权益向价值驱动演变,致使矛盾纠纷的集聚性、群体性、破坏性态势增强。

作为国家治理的重要组成部分,社会矛盾预防化解体系是否完善,事关国家治理体系和治理能力现代化目标能否顺利实现,能否在矛盾发生前及时搜集信息和舆情、提前介入、防患于未然,能否在社会矛盾发生时及时掌握第一手信息,确保矛盾处置具有充分的决策参考依据,能否在矛盾发生后做好信息传播和处置效果后评估,这些问题都成为新时期考验政府预防和处理复杂社会矛盾能力的重要因素。

(3) 公共安全管理能力与人民群众期待有差距

随着各级政府的不断重视，防范措施不断加强，社会公共安全整体向好。但与此同时，我们不可以否认，突发灾害、事故、群体事件、不法侵害、暴恐事件等威胁仍存在；公共安全管理的技术手段、监控手段、信息化手段多（如监控视频）、信息来源多样，如何高效地实施判别甚至预判存在难度；发生公共安全问题后的应急处置、协同、消除恐慌、回复常态的难度大。

以上这些政府管理、政务服务、社会治理领域存在的问题，随着社会经济发展、技术进步和公众习惯的变迁，日益凸显和加剧。除此之外，精简政府机构和人员、服务型政府的打造都带来了参与政府管理和服务的人力不足等问题。解决这些问题，除了需要各级政府改进管理思路，还亟须通过各类技术手段和工具加以解决和弥补。

第二节　人工智能为政府管理和政务服务带来新机遇

在第一章中，我们介绍了人工智能技术的发展历史、发展现状、技术热点和典型应用，看到了人工智能的核心技术对社会经济发展带来的革命性机遇。这些人工智能技术同样也为政务管理、政务服务、社会治理中存在的突出问题和矛盾的解决提供了新的思路、方法和工具。可以说，人工智能时代的到来，为传统的政务、电子政务带来了新的重大发展机遇。

人工智能领域的核心技术主要包括计算机视觉、机器学习、自然语言处理、机器人和语音识别等大类。计算机视觉是指计算机从图像中识别出物体、场景和活动的能力；机器学习是使用机器来模拟人类学习活动，以获取新的知识或技能，并重新组织已有的知识结构，使之不断改善自身的性能；自然语言处理是指计算机拥有的人类般的文本处理的能力，从可读的、风格自然、语法正确的文本中自主解读出含义；机器人则将机器视觉、自动规划等认知技术整合至极小却高性能的传感器、制动器及设计巧妙的硬件中；语音识别主要是自动且准确地转录人类语音的技术。这些人工智能的技术和应用,可以有效解决政府管理、政务服务、社会治理领域存在的管理能力不足、管理手段落后、管理资源紧缺等问题。

人工智能最重要的价值在于自学习、自适应和自服务,人工智能与政府管理和服务的融合,使得政府管理和服务具有了智能的属性,能够不断进化和适应时代的发展,实现随需应变。

1. 应用人工智能技术,可以实现政府管理的智能化

①在政务信息资源整合方面,人工智能技术中的大数据分析、语义识别、图像识别、视频分析等技术,可以将分散在各级政府部门信息系统中完全独立和隔绝的数据打通,实现数据连接和共享,可以将网络社交媒体、新闻舆情中的公众意见进行实时抓取和语义分析、情感分析,知道公众在想什么、有什么感受和意见,可以将图像、视频、语音等非结构化数据进行结构化解析、存储,从而实现政务资源的有效整合,将一个个数据孤岛连接成开阔通畅的数据平原,为政府的管理和决策提供实时、高效、海量的结构化数据,并让这些数据通过共享平台,输出给外部数据需求单位,进行进一步的分析和价值发掘,让政务信息资源产生更加强大、长远的生命活力。

②在政府政策评估方面,人工智能技术可以将原来仅有极少数人制定政策,仅有极少数人参与政策发布前的评估,政策发布后的公众声音纷繁芜杂无法被有效听取等现状彻底改变。在人工智能技术的加持下,政府可以通过社交媒体、新闻、官方网站、微信公众号、手机 APP、线上线下调研、听证等方式,更加全面地搜集公众声音,进而将公众的意见进行自动的整合、分析、提取、归纳、总结,从中获取公众的真实意见和信息反馈,让政策制定的全过程都有充分、及时、真实的基层意见支撑。

③在应急管理处置方面,人工智能技术可以成为应急管理的中枢大脑,对应急管理中所需的各类信息进行及时有效的搜集、消化,确保不因人员紧缺、技术落后等问题导致重要信息被忽略,也不会发生大量信息短时间汇聚导致处

理瓶颈；人工智能技术提供的管理大脑，可以实时分析处理来自应急现场、救援单位、社会公众、自然环境等方面的海量数据，自动对数据进行甄别、归纳，根据事先设定的应急管理原则，形成处置策略，明确什么时间、什么单位或个人、需要做什么、应该怎么做、工作进展如何、工作结果如何、下一步如何改进等详细指令，并同步协调各级、各类组织机构、人员、设备、物资等力量，进行高效、有序的处理和实施，从而提高应急管理处置效率，减少损失，保障人民群众生命财产安全。

2. 应用人工智能技术，可以实现政务服务的智能化

①在公共需求精准预测方面，人工智能技术可以通过大数据信息采集，结合历史数据建立分析模型，开展医疗需求预测、教育需求预测、交通需求预测、用电需求预测、物流需求预测、旅游需求预测、应急物资需求预测等公共设施和公共服务需求的精准预测，明确社会公众有哪些公共需求、需求人群是谁、什么时间需要、什么区域需要、需要多少、需求具体要求等需求细节，政府可以根据精准的预测提前规划、布局和建设，从而实现公共资源的精准投入，这样既可以避免盲目扩大建设带来的巨大资源浪费，又可以避免建设的滞后性，在需求发生时相关公共设施和公共服务可及时有效地供给，同时也能保证供给的设施和服务的内容、形式、细节符合公众所需。

②在政府与公众交流互动方面，通过机器人技术、虚拟现实技术、图像识别技术、语音交互技术等先进技术的支撑，可以为公众提供线上线下自助服务、7×24人工智能在线客服、语音自助服务、智能机器人自动服务、信息精准推送等服务和交互手段。一方面，丰富了交互的渠道，让公众与政府之间可以通过更多的方式实现信息传递、意见交流；另一方面，人工智能技术的应用，也可以大大拓展政府服务界面，减少政务人员投入，提升互动的及时性、主动性、有效性。

③在政府服务效率提升方面，人工智能技术的应用可以大大提升政府官方网站、政务微信公众号、线下政务服务大厅的自动化、智能化水平，从而实现

无纸化政务服务、一网通办、不见面审批、公众自助服务、身份信息自动验证、资料自动审核审批等，大大提高了服务效率，缩减了公众在获取政务服务过程中不必要的流程，减少了公众办事过程中不必要的往返，缩短了服务时间和排队等待时间，提升了公众满意度，同时，也减轻了传统的人工服务对政府公务人员的工作压力。

3. 应用人工智能技术，可以实现社会治理的智能化

①在复杂社会问题研判方面，人工智能技术可以帮助政府建立复杂社会问题研判综合平台，针对社会公众关心的教育、医疗、养老、住房、环境、治安等领域已发生过的社会问题，进行历史数据、典型案例、事前事中事后的舆情、复杂社会问题的解决手段等信息的收录、归集、梳理、分析，对复杂社会问题通过人工智能技术中的深度学习、强化学习等理论方法进行分类，对社会问题产生的根源进行分析，找出复杂社会问题发生时的典型特征、代表现象和各类关联因素，从而建立复杂社会问题研判的基础模型和分析研判平台；进而通过各类大数据的搜集和分析，将搜集到的各类相关信息输入平台中，通过分析模型来判断、预测复杂社会问题在特定时间、特定区域、特定领域出现的概率，做到提前预警、提前准备。同时，对已发生的具体社会问题，实时检测问题进展、解决措施的实施情况，并长期跟踪问题解决后社会各相关层面的反应，避免问题死灰复燃。

②在预防和化解社会矛盾方面，人工智能技术可以帮助政府建立和完善社会矛盾综合管理平台，针对当前经济和社会转型期，由于社会政治经济体制、法律法规和管理制度、公共服务水平和能力与人民群众物质生活和精神需要之间的不平衡导致的各类社会矛盾，如拆迁安置、医患纠纷、环境破坏、产品质量、邻里矛盾、不法侵害、司法公正、越级上访等，通过人工智能技术在社交媒体的舆情跟踪、图像视频语音资料的搜集分析、跨部门信息的开放共享、多职能部门的联合执法调度等领域的应用，开展矛盾发生前的预测预警，矛盾发生时的有效控制和处置，矛盾处置后的效果评估和反馈改进，实现矛盾提前发现、

提前介入、提前化解，避免矛盾扩大化、复杂化、群体化，保证社会的长治久安。

③在提升公共安全管理能力方面，人工智能技术已经在一些公共安全管理的领域得到了有效的应用，如车站、机场、码头、街道的人脸识别，公共场所、大型活动现场的人群行为分析等；而随着机器学习、图像识别、语音识别等软件技术发展，以及大数据分析能力、计算机运算性能、人工智能芯片等硬件技术进步，公共安全管理领域的技术化水平还将得到更进一步的提升。未来，人工智能技术将在社会治安管理、网上追逃、灾难灾害处置等方面发挥更大、更积极的作用，自动化、智能化、协同化、信息化、数据化、实时高效的公共安全管理平台将逐步替代低效的人工模式，确保社会公共安全问题及时预警、及时发现、及时处置、及时善后，保障社会政治经济生活安全和人民群众安居乐业。

总之，人工智能技术在政务管理、政府服务领域有着巨大的应用前景，包括政务信息资源智能化整合、政府政策智能化评估、智能化应急管理处置、公共需求智能化精准预测、政府与公众智能化交流互动、智能化政务服务、社会复杂问题智能化研判、社会矛盾智能化预防和化解、公共安全智能化管理等领域；而随着相关的大数据、图像识别、视频分析、音频分析等软件算法的不断进步，以及5G、高性能计算机、人工智能芯片、机器人等硬件技术的发展和普及，政府管理、政务服务、社会治理的方式、手段将得到革命性的提升，政府的管理、服务、决策的效率、水平、能力都将更加智能化、精准化、高效化。

第三节　人工智能在政务领域应用初见成效

人工智能的概念虽然近几年才成为全球的技术热点，但人工智能并不是刚刚出现的新技术，相关技术的形成和发展已有几十年历史。在此过程中，世界各国、各个行业都对人工智能的应用进行了有益的探索和实践。近年来，在政府的管理和服务中，随着政务信息化、电子政务的不断发展，一些智能化、自动化的技术在政务领域开始尝试应用，而且在不少应用场景下已经有了成功的案例，应用效果非常显著，大大提升了政府的管理水平、服务能力和工作效率。

1. 上海市利用人工智能技术开展政务数据治理成效显著

"十二五"以来，尤其是进入"十三五"期间，上海市研究推动以大数据技术为驱动的城市治理体系，并结合云计算、物联网、人工智能等先进技术和产品，在推进政务信息资源整合、政务数据开放共享、促进数据交易流通及促进大数据开发利用方面采取了一系列行动，构建了较为完善的数据治理体系。包括建立数据共享体系、数据开放体系、智慧政府体系，推进政府数据共享和开放；建立数据运行交易机制，明确数据交易原则，加强数据权益保护，严格防控数据安全，从而规范商业数据流通与交易；建立上海市政府数据服务网（http://data.sh.gov.cn/），通过开放数据创新应用大赛等方式，吸引和鼓励高校、企业、社会组织等各类力量参与公共数据开发应用，提高数据资源的利用度及增值性，丰富公共大数据的应用场景，为社会治理提供助力。

通过多年的扎实推进，上海市应用人工智能、大数据、云计算等技术，开展政务信息资源整合、数据共享开放、公共数据开发应用，取得了显著成效。

①打通了各级、各部门 IT 系统的数据孤岛，建成并不断优化上海市政府数据服务网。截至 2019 年 5 月，上海市共有开放数据的部门 45 个，开放数据源 2111 个，开放数据项 31 633 条，形成 1369 个数据产品、89 个数据应用、65 个数据接口（图 2.5）。

②数据开放领域涉及经济建设、资源环境、教育科技、道路交通、社会发展、公共安全、文化休闲、卫生健康、民生服务、机构团体、城市建设、政府政策评估等领域（图 2.6），涉及社会保险、婚育、学校教育与终身教育、培训与就业、就医与保健、交通出行、社区周边生活服务、政府办事、城市安全、离退休、残疾人等数十个场景（图 2.7）。

③截至 2017 年 12 月，上海数据交易中心的商业数据交易总量已突破 10 亿次，面向市场营销行业的四大类 23 项数据，日均流通量约 2000 万次，面向金融服务行业的四大类 83 项数据，日均查询量约 10 万次（图 2.8）。

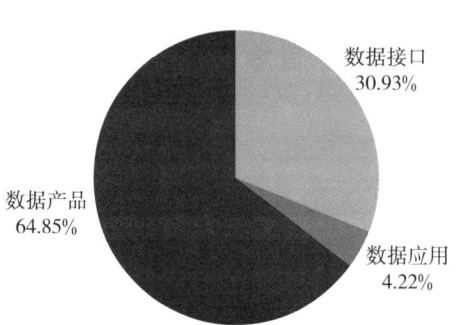

图 2.5 上海市政府数据服务网数据类型

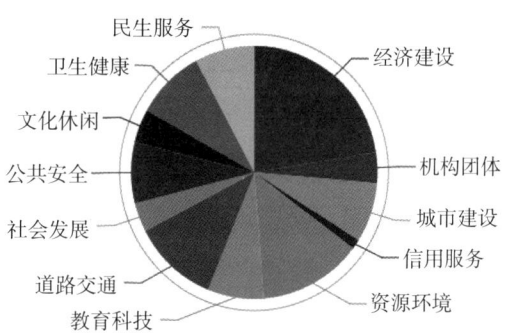

图 2.6 上海市政府数据服务网数据领域

来源：上海市政府数据服务网，图 2.6 至 2.8 同。

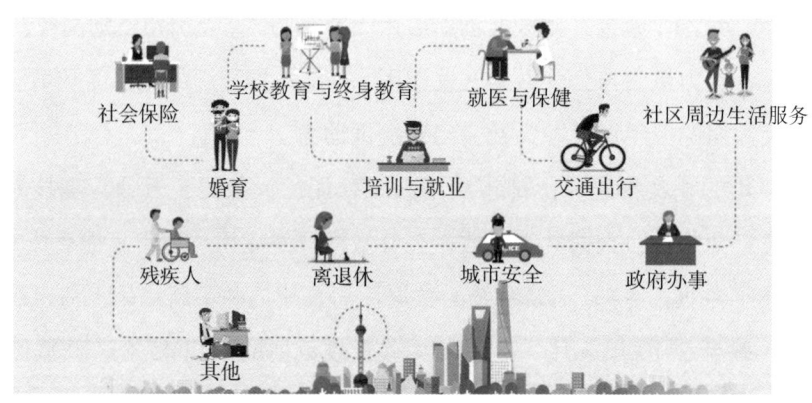

图 2.7 上海市政府数据服务网应用场景

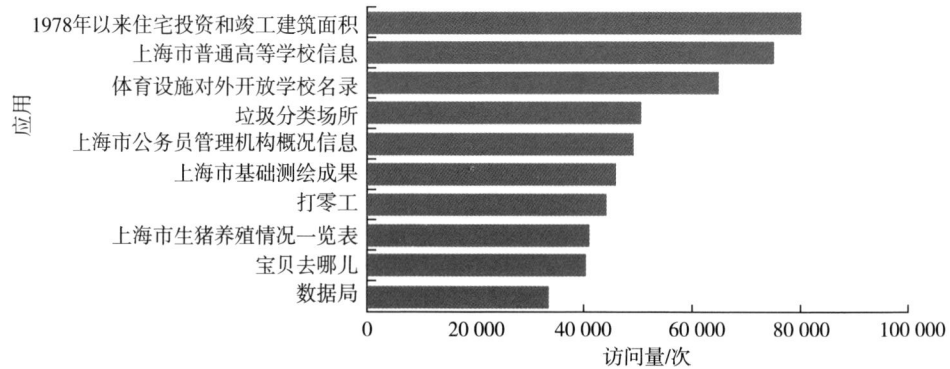

图 2.8 上海市政府数据服务网访问量 TOP10 的应用

2. 杭州利用人工智能技术打造城市应急信息预警系统

近年来，杭州不断加快推进以智慧城市经济为载体的智慧城市建设，不断推出治理城市应用重大项目，如城市数据大脑等，使杭州成为基础设施先进、技术水平高、城市数据开放、智慧城市应用普及的城市。同时，杭州也正在通过变革城市治理模式，努力打造"最安全城市"的金字招牌。杭州拥有海康威视、大华技术、宇视科技等安防企业，企业与政府紧密合作，在平安城市、智慧城市建设中不断创新产品与应用，大数据、云计算、人工智能技术已经大量应用，解决了很多城市安全的难题，并根据现有基础条件，以及本市区域、环境和问题的特点，应用新兴信息技术手段，建设了一个"可测、可控、可视"的城市应急信息预警系统，成为全国范围内应急管理的新标杆。

杭州的城市应急信息预警系统中建设了完善的安全防范措施及信息化设施，首先，就视频监控系统而言，就有治安监控、社会监控、路面监控和移动监控四大部分，几十万只探头，分布在城市各个区域和路口，每天采集海量视频数据，成为城市数据的"大块头"，也是非结构化数据之一。其次，各交通要道卡口、小区进出卡口、治安人脸布控卡口等，每天也要采集海量各类数据，成为城市数据的"主要成员"，可用于预测人类主要移动行为。最后，通过专门治理力量，如公安、城管等，组织专项行动，如打击黑恶势力、"盗抢骗"等专项行动，构建"情指行"一体化平台，开展群防群治活动，调动社区网格员协同防范，开展网上信息安全监测行动等，也成为城市数据的一部分。

2016年9月4—5日，杭州成功举办了G20国际峰会，其安保等级是最高级别，其中，城市应急信息预警系统发挥了重要作用，如在各主要进杭路口设置公安检查站，配置人证合一的人脸识别仪，建立有明有暗、多道纵深的防线，让潜在的暴恐分子或犯罪分子即使能冲过第一道防线，也过不了第二道、第三道防线，从而最大限度地保证杭州的安全，大幅挤压了犯罪的时间与空间，制造犯罪的障碍，增加犯罪的难度，不留下犯罪的隐患，不给犯罪分子有藏身之地，增加犯罪被发现的概率，减少城市突发事件发生的概率，这是城市安全运行和应急管理预警的一个范例。

3. 重庆市利用人工智能技术预测传染病、合理分配医学资源

2017年，平安集团与重庆市疾病预防控制中心的联合研发课题组利用"互联网＋医疗健康"大数据前沿技术，首次提出"宏观＋微观"的深度智能疾病预测方法，实现了提前一周预测某一地区流感和手足口病的患病率。该模型整合了上万维度数据因子，同时结合本地疾病防控实际业务经验和专家知识，采用多种人工智能算法的组合，使疾病预测能够达到时效性更强、精度更高、范围更广、输出更稳定、可扩展性更强的要求，充分体现了多维数据来源的业务应用优势和实践价值。

该流感预测模型在宏观或地区层面，通过整合全国上百个城市的环境气象因子（环境／天气／季节）、人口信息（人口／流动／结构）、地区生活行为、医疗习惯、就诊行为等一系列宏观因子，对历史数据进行尝试挖掘，分析时间序列。在微观层面，通过整合全方位、多维度的预测因子和信息来预测疾病发生风险。这些信息包括信息高度相关，但频度较低、分布较稀疏的医疗健康因子（体检／就诊／告知等），也包括信息间接相关，但信息频度和深度较高的个人行为因子（财务／职业／生活等）、互联网数据因子（舆情／行为／LBS等）等。通过精准评估个人层面风险并汇总到宏观层面，该方法能够深入挖掘宏观层面无法统计的细颗粒度的信息，从而提升预测精度。最终采用模型融合的方法，将深度学习和人工智能方法，如时间序列模型、树模型等进行组合，提高预测准确度。

该流感预测模型目前已在重庆市上线应用，在重庆长达3年的历史静态数据及上线后动态数据的验证中，预测平均误差率都不超过10%。基于人工智能技术的传染病预测，将帮助政府部门及时监控疫情和合理分配医学资源，并指导民众进行疾病预防，提升疾病事前预防的成功率，有效降低国家疾病预测与防控工作的成本。

4. 广州市应用"人工智能＋机器人"实现全程电子化商事登记

广州市工商局为贯彻落实习近平总书记关于"北京、上海、广州、深圳等特大城市要率先加大营商环境改革力度"的重要指示精神，着力推进广州营商环境的国际化、法治化和便利化建设，于 2017 年 10 月 10 日正式启动了"人工智能＋机器人"（AIR）全程电子化商事登记（以下简称"智能全电登记"），在全国首创工商登记"无人大厅""无人审批"新模式。

智能全电登记是无纸全程电子化登记的升级版，以大数据和新一代信息技术为支撑，推行"人工智能＋机器人"申报、签名、审核、发照、公示、归档全流程电子化，实现了商事登记免预约、零见面、全天候、无纸化、高效率办理。申请人可以通过电脑 PC 端、手机 APP 移动终端，以及设置在各政务大厅、银行"银商通"网点的智能申报机、智能发照机等渠道办理全程电子化商事登记业务，就近自助领取纸质营业执照，真正实现"群众免跑路，数据高速路"。

"人工智能＋机器人"的商事登记，具有"四无"的特点，即无介质签名、无纸化登记、无人审批和无人大厅。无介质签名即"手机刷脸签名"，是指通过使用公安部门的人脸识别认证系统实现无介质软证书在移动终端上的电子签名，此项应用尚属全国首创，极大提升了申请人电子签名的便利度。无纸化登记是指全流程电子化登记，材料申报、签名、审核发照、归档均可实现全程无纸化。无人审批是指系统通过对申请人填报的标准化数据进行规则库校验，实现无人干预的自动审批。无人大厅是指通过在政务大厅设置智能申报机和智能发照机，向申请人提供基于"人工智能＋机器人"后台支撑的工商登记自助办理服务。

5. 无锡市打造基于人工智能的城市公共安全视频监控平台

面对智慧城市中涉及公共安全的视频监控系统信息类型多、数量大、变化快、结构杂等特点，无锡市打造了城市公共安全视频监控平台，依托人工智能、物联网、互联网、云存储、大数据、GIS 等技术，汇聚城市公共安全信息，进行视频数据的采集、整合、交换、检索与分析，创建与共享信息资源数据库，并对视频数据进行深度挖掘，提取出其中的图像、音频、文本等与底层特征相关的数据，对视频内容中的结构、主题及事件进行结构化处理与挖掘，在用户界面中表示和解释出处理结果与模式信息等内容，并在此基础上开发出卡口集成应用、车辆（单兵）移动监测、车辆识别、交通流量控制、GIS/GPS 可视化应用、移动侦测、物体追踪、异常跑动、人体面部识别、人数统计、人群控制、注意力控制、人员聚集检测、人员徘徊检测、警戒线（区）检测等多项智能应用模块（图 2.9）。

作为无锡市《智慧无锡建设三年行动纲要（2014—2016 年）》中的重点项目，无锡市公安大数据指挥服务中心与大数据情报合成研判作战中心已于 2017 年 1 月建成投入使用，在维护稳定、打击犯罪、抢险救灾、服务群众等方面发挥了重要作用。

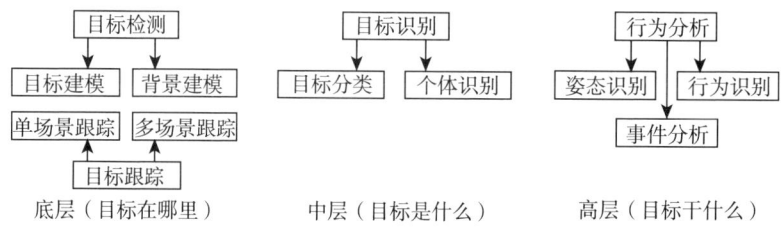

图 2.9　智能视频分析层次结构

参考文献

[1] 刘玉洁. 基于人工智能视角的政务服务研究 [J]. 信息化建设，2018（8）：24-26.

[2] 吴义敏. 电子政务建设与提升公共危机管理能力 [J]. 新疆社科论坛，2009（5）：56-58，68.

[3] 刘波. 人工智能对现代政治的影响 [J]. 人民论坛，2018（1）：32-34.

[4] 仇卫文. 人工智能技术在政务服务领域的应用与难点 [J]. 电子技术与软件工程，2017（20）：269-270.

[5] 王栋. 人工智能与社会治理[J]. 人民法治,2018(18):104-105.

[6] 张文静. 人工智能为优化政务服务"铺路搭桥"[J]. 人民论坛,2019(1):50-51.

[7] 于跃,王庆华. 从智能政府到智慧政府:价值与追求[J]. 上海行政学院学报,2019,20(2):14-21.

[8] 于冠一,陈卫东,王倩. 电子政务演化模式与智慧政务结构分析[J]. 中国行政管理,2016(2):22-26.

[9] 陈涛,冉龙亚,明承瀚. 政务服务的人工智能应用研究[J]. 电子政务,2018(3):22-30.

[10] 吕凯,赵洋. 人工智能背景下政府的数据开放与共享——以天津市政府为例[J]. 东南大学学报(哲学社会科学版),2018,20(增刊):108-113.

[11] 张晓. 上海数据治理的经验探索[J]. 中国信息界,2018(8):86-90.

[12] 韩絮. 论公共政策评估中的公民参与[J]. 赤峰学院学报(汉文哲学社会科学版),2014,35(3):74-76.

[13] 杨玲,范川川. 基于物联网的智慧应急创新服务平台设计与应用研究[J]. 信息与电脑(理论版),2018(21):98-100.

[14] 乔远慧. 刍议人工智能在公共管理中的运用[J]. 天津电大学报,2018,22(1):65-69.

[15] 陈军梅,童健华. 从"网上登记"到"人工智能+机器人"——广州市全程电子化商事登记的探索与实践[J]. 中国市场监管研究,2018(5):33-36,49.

[16] 蒋旻. 杭州商事制度改革"人工智能+政务服务"成效显著[J]. 杭州(周刊),2018(5):60.

[17] 富帝淳. 人工智能技术在社会公共安全领域的应用研究[J]. 通讯世界,2019(1):303-304.

[18] 夏保成. 美国突发事件管理系统对我国公共安全管理体制建设的启示[J]. 河南理工大学学报(社会科学版),2008,9(2):139-145.

[19] 高奇琦,刘洋. 人工智能时代的城市治理[J]. 上海行政学院学报,2019,20(2):

33-42.

[20] 朱陆民.中国特色应急管理体系建设的理论与实践研究[M].长沙：湖南人民出版社，2015.

[21] 赵子丽.中国应急管理的新要求和新发展[J].人民论坛，2019（2）：58-59.

[22] 徐胜华，刘纪平，刘猛猛，等.一体化综合减灾智能服务系统研究[J/OL].测绘科学，2019，已收录.http://kns.cnki.net/kcms/detail/11.4415.P.20190409.1457.018.html.

[23] 丁雷.无锡市智慧城市公共安全视频监控平台设计与建设[J].电视技术，2018，42（4）：98-106，112.

[24] 陈军梅，童健华.从"网上登记"到"人工智能＋机器人"——广州市全程电子化商事登记的探索与实践[J].中国市场监管研究，2018（5）：33-36，49.

[25] 无锡日报.无锡公安建成两个大数据指挥作战中心[EB/OL].（2017-01-10）[2019-06-20].http://pic.wxrb.com/jrwx/201701/t20170110_1260253.shtml.

•••• 第三章

智能政务时代来临

在前面的章节中,我们分析了政府管理和服务的发展现状和挑战,介绍了人工智能技术的快速发展及在政务领域的探索应用。从现状和趋势判断,我们有理由认为,政务管理模式将快速迈入"智能政务"阶段。那么,到底什么是智能政务,智能政务有哪些特征和典型应用场景呢?

第一节 智能政务的定义

智能政务(artificial intelligence government,AI-government)是指政府部门在政务活动中,全面深入地应用新一代人工智能技术开展政府管理、政务服务和社会治理的一种政务信息化管理新模式。

智能政务是政务信息化管理发展的新阶段。从信息化技术发展水平来看,政务管理经历了从传统的人工模式,逐渐演进到部分办公工作自动化、政务信息上网、电子政务、互联网+政务等不同阶段,而智能政务是随着人工智能技术的发展,以及人工智能相关技术在政务领域的探索和应用发展起来的,因此,是政务信息化发展的一个新时期、新阶段。

政务信息化发展到智能政务阶段，既是技术发展的推动，也是政府职能转变的客观需要。一方面，针对政府管理和政务服务中的权力太集中、流程不清晰、责任不明确、效率太低下、服务水平差等问题，党中央、国务院坚持大力推进政府职能改革和"放管服"改革，提升政府管理服务水平和效率，这就要求不断应用新技术、新方法、新工具，这是智能政务出现的必要性；另一方面，机器人、人工智能、大数据等相关技术的快速发展，尤其是在政务领域应用的有益探索，也为智能政务的出现和发展提供了可能性。当必要性、可能性都出现的时候，智能政务时代自然而然地就到来了。

与此同时，很多人可能会有一些疑问或者困惑，那就是关于政务信息化有太多的概念，如政务信息化、电子政务、互联网＋政务、智慧政务、智能政务等，这几个概念和范畴到底有什么关系？我们认为，这些概念和范畴，并非是在同一标准和尺度下对政务信息化发展阶段或发展程度的划分，而是从不同层次、不同角度、出于不同出发点做出的定义，因此，各个概念间有区别也有联系，有区隔也有交叉。智能政务与政务信息化之前的几个历史阶段或其他几个概念相比，在人工智能技术应用广度、深度方面有着突出的差异。

政务信息化：从广义上看，电子政务、互联网＋政务、智慧政务、智能政务都是属于政务信息化的阶段，都是应用各类信息化的技术和手段助力政务管理和服务；从狭义上看，政务信息化是电子政务的早期阶段，解决的是办公自动化、政府上网的简单问题。

电子政务：从广义上看，可以等同于政务信息化的概念；从狭义上看，电子政务是政务信息化发展的一个阶段，强调的是政务信息的网络化公开，少量政务服务的在线公示和办理。

互联网＋政务服务：最早出现于2016年的政府工作报告"大力推进'互联网＋政务服务'，实现部门间数据共享，让居民和企业少跑腿、好办事、不添堵。简除烦苛，禁察非法，使人民群众有更平等的机会和更大的创造空间。"从原文表述上可以明显看出，互联网＋政务更侧重于政务服务领域，强调互联网技术在政务服务领域的应用，希望实现数据共享、效率提升。

智慧政务：是指充分利用物联网、云计算、大数据分析、移动互联网等新一代信息技术，以用户创新、大众创新、开放创新、共同创新为特征，强调作为平台的政府架构，并以此为基础实现政府、市场、社会多方协同的公共价值塑造，实现政府管理与公共服务的精细化、智能化、社会化。可以看出，智慧政务和智能政务无论是技术基础、服务内容，还是最终目标方面都存在诸多共同点。我们可以认为智慧政务是个更大的概念，其中，大量应用人工智能技术的部分是智能政务的范畴。智慧政务强调技术应用、政府管理模式和社会生态的全面提升，而智能政务更注重新一代人工智能技术对政务管理和服务的驱动和变革。智能政务是智慧政务的子集，也是智慧政务发展的高级阶段。

智能政务不仅仅是政务信息化技术的演进和变革，同时，更会带来政府运营模式、政务人员的工作方式、公众与政府之间的关系和互动手段等诸多方面的变革。

政府从单纯的管理角色，逐步向管理＋服务转变，而且服务的比重和职能将持续扩大；政府工作人员从高高在上的官员逐步向社会公众的伙伴、服务者、帮手转变。社会公众，无论是企业还是个人，从以往被动地接受政务信息和政府指令，逐步向政府事务的参与者、影响者转变，有更多的渠道和方式表达自己的声音，更关注政府的服务能力和服务水平，可以对政府的服务做出评价，提出改进的要求。

政府及政府工作人员的工作模式从传统的手工＋少量简单信息化辅助手段支持模式，逐步增加机器人、人工智能技术加持的自动化、智能化工具平台，人工操作逐步被解放，更多精力可以放在服务流程设计、服务效率提升、服务能力建设方面；而社会公众作为政府管理和服务的对象，由于智能政务带来的服务方式、交互渠道、服务效率等质的变化，也逐步改变着自身获取政府服务、与政府交流互动的习惯，更愿意通过线上、自动、自助手段完成所需服务，表达自身诉求。

例如，在南京市，以往市民要办理公交卡，尤其是老人卡、学生卡，需要携带证件和证明材料，到市民卡办理点排队办理，代家人办理所需材料就更多，既麻烦又耗时，而现在推出了"智慧市民卡"APP后，市民通过APP即可在线为自己、老人、孩子办理公交卡，APP可以对提交的身份证信息进行自动提取、分析，并与后台户籍系统、社保系统等平台信息比对，自动完成身份验证、办理条件审核，通过审核的申请会自动进入制卡阶段，并根据用户订单要求送至取卡点或快递至用户地址（图3.1）。这是通过人工智能技术在民生领域的应用，改变政府工作模式和公众生活习惯，提高服务效率和公众满意度的一个典型案例。

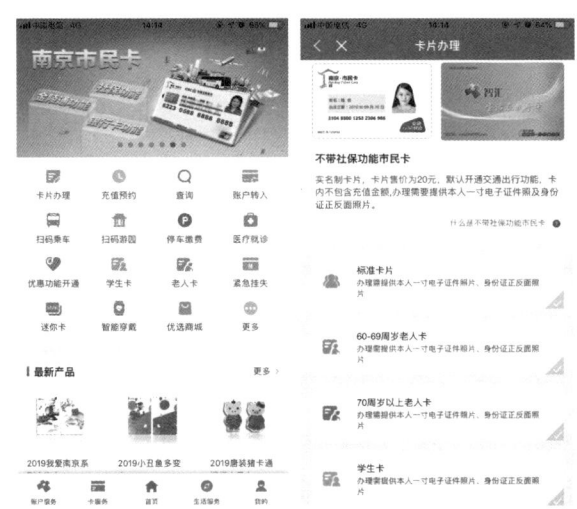

图3.1　南京"智慧市民卡"APP界面

人工智能在政务领域的应用处于探索期，从人工智能技术发展过程及与政务融合的水平，可以将智能政务分为弱人工智能阶段的智能政务、强人工智能阶段的智能政务、超人工智能阶段的智能政务。

弱人工智能（artificial narrow intelligence，ANI），只专注于完成某个特定的任务，如语音识别、图像识别和翻译，是擅长单个方面的人工智能。它们只是用于解决特定的具体任务而存在，大都是统计数据，以此从中归纳出模型。由于弱人工智能只能处理较为单一的问题，且发展程度并没有达到模拟人脑思维的程度，所以，弱人工智能仍然属于"工具"的范畴，与传统的"产品"在本质上并无区别。弱人工智能阶段的智能政务侧重于解决政务管理和服务中某些点或单线上的问题，如单纯的身份识别、信息归集分析、舆情或情感分析等，而缺少进一步的综合思考和抽象思维能力。当前就处于弱人工智能的智能政务阶段。

强人工智能（artificial general intelligence，AGI），属于人类级别的人工智能，在各方面都能和人类比肩，人类能胜任的脑力劳动它都能胜任。它能够进行思考、计划、解决问题、抽象思维、理解复杂理念、快速学习和从经验中学习等操作，并且和人类一样得心应手。"强人工智能"系统包括了学习、语言、认知、推理、创造和计划，目标是使人工智能在非监督学习的情况下处理前所未见的细节，并同时与人类开展交互式学习。在强人工智能阶段，由于已经可以比肩人类，同时也具备了具有"人格"的基本条件，机器可以像人类一样独立思考和决策。强人工智能阶段的智能政务已经具备了强大的思考、筹划、思维、理解、学习等能力，认知水平已经接近人类水平。以交通管理为例，在强人工智能阶段，智能政务平台中的智能交通系统可以把减少交通拥堵作为基本目标，从政府数据库、行业数据库、新闻媒体、社交媒体等数据源中提取有效信息，综合当前和未来天气情况、节假日影响因素、每个交通参与者的习惯甚至工作生活计划等信息，对未来交通情况进行预测，并提前通过红绿灯变化、交通管制、潮汐车道、定向发送预警提示信息、交通线路个性化建议等方式持续干预，避免可预见的交通堵塞，最大限度地减少交通压力，提高交通参与者的满意度和安全性。而这种大规模、多来源、多影响因素、多决策目标的人工智能自助分析和决策，是弱人工智能所无法达到的。

超人工智能（artificial super intelligence，ASI），牛津大学哲学家、知名人工智能思想家Nick Bostrom把超级智能定义为"在几乎所有领域都比最聪明的人类大脑都聪明很多，包括科学创新、通识和社交技能"。在超人工智能阶段，人工智能已经跨过"奇点"，其计算和思维能力已经远超人脑。此时的人工智能已经不是人类可以理解和想象的。人工智能将打破人脑受到的维度限制，其所观察和思考的内容人脑已经无法理解，人工智能将形成一个新的社会。超人工智能阶段的智能政务：政府的管理和服务、运行几乎都可以依靠"城市大脑"这个人工智能工具开展，而政府管理者更多的工作是对超人工智能的"城市大脑"进行规则制定、流程设计、目标设定、伦理管控、安全管控、算法改进等，政府的工作效率大大提升，一线的服务人员几乎都被线上平台或线下的机器人替代。

以上介绍了智能政务的定义，并与电子政务、互联网+政务、智慧政务等概念进行了分析和对比，明确了概念间的关联和不同。同时，分析了智能政务对政府、公众带来的工作模式和习惯变化，对智能政务的发展阶段也做了划分和展望。下面将重点介绍智能政务的典型特征。

第二节　智能政务的典型特征

通过智能政务的定义我们知道，作为政务信息化的新模式，智能政务强调政务活动与新一代人工智能技术的深度融合，因此，从关键技术的视角看，与一般意义上的电子政务相比，更加强调以算法为核心，以数据和硬件为基础，以提升感知识别、知识计算、认知推理、运动执行、人机交互能力为重点，从而形成开放兼容、稳定成熟的新一代政务信息化技术体系和应用场景。

国务院2017年发布的《新一代人工智能发展规划》中，归纳和提炼了新一代人工智能8个方面的关键共性技术，这些关键共性技术在政务领域的探索和应用，构成了智能政务的典型技术特征。

1. 应用知识计算引擎与知识服务技术

应用知识加工、深度搜索和可视交互核心技术，实现对知识持续增量的自动获取，具备概念识别、实体发现、属性预测、知识演化建模和关系挖掘能力，形成多源、多学科和多数据类型的跨媒体政务领域知识图谱。

知识图谱（knowledge graph）是显示知识发展进程与结构关系的一系列

各种不同的图形,用可视化技术描述知识资源及其载体,挖掘、分析、构建、绘制和显示知识及它们之间的相互联系。知识图谱已在教育、金融、医疗等领域有了诸多成功的应用,而政务领域知识图谱的建立和应用尚处于早期阶段。通过知识计算引擎与知识服务技术,可以将分散在多级、多部门IT系统中的信息进行自动识别、提炼、挖掘,从中提取特定领域的信息,形成政务知识图谱,供各政府部门使用。

在政务信息资源整合领域,以公民信用管理为例,可以通过知识计算引擎与知识服务技术,将人力资源和社会保障部门、公安部门、教育系统、医疗系统、公共服务提供商、金融机构、互联网等系统的数据、文字、图片、音视频信息进行搜集和汇总,并在此基础上自动建立共性的信用评估知识图谱、信用评价数据来源体系和信用评估体系,进而为每个公民建立信用档案,做出信用评级,并供法律授权的单位调用。

2. 应用跨媒体分析推理技术

应用跨媒体统一表征、关联理解与知识挖掘、知识图谱构建与学习、知识演化与推理、智能描述与生成等技术,实现政务领域跨媒体知识表征、分析、挖掘、推理、演化和利用,构建分析推理引擎。

以复杂社会问题研判工作为例,政府如需了解因环境污染问题可能带来的不良社会影响和群体事件发生的概率,需要从环境监测数据、环保规章条例、污染企业信息、企业生产经营状况、相关人群特征和详细信息、媒体报道、公众在社交媒体中的诉求表达、政府服务热线、公安监控视频等大量的信息来源中,提取文字、图片、音频、视频信息,并对这些信息进行分析挖掘,了解污染严重性、影响范围、公众情绪等信息。依靠传统的手段和平台,如要做到有效、高效、自动化,基本是不可能的,而通过跨媒体分析技术就能解决这个难题,让政府对污染事件相关的各方面信息了如指掌,从而为预防和决策提供依据。

3. 应用群体智能关键技术

应用基于互联网的大众化协同、大规模协作的知识资源管理与开放式共享等技术，建立群智知识表示框架，实现基于群智感知的政务领域知识获取和开放动态环境下的群智融合与增强，支撑超大规模群体感知、协同与演化。

群体智能（swarm intelligence）是指在集体层面表现的分散、去中心化的自组织行为。例如，蚁群、蜂群构成的复杂类社会系统，鸟群、鱼群为适应空气或海水而构成的群体迁移，以及微生物、植物在适应生存环境时表现出来的集体智能。人工智能中的群体智能技术，就是通过模仿生物的群体智能，解决现实中的复杂问题，智能蚁群算法和粒子群算法就是其中典型的技术。

以政府应急处置工作为例，当发生地震等重大自然灾害后，需要调动军队、公安、应急管理、医疗、气象、水文、通信、物流等各项政府和社会资源，而灾情的复杂性会给信息获取、研判、指挥、调度带来巨大的困难。此时，通过具备群体智能的应急管理系统，可以时时刻刻搜集来自各方面的实时大数据，并依据各职能部门积累的经验知识和处置方案，由应急管理大脑进行综合评判、方案设计和指挥调度。

4. 应用混合增强智能新架构与新技术

应用人机协同的感知与执行一体化模型、智能计算前移的新型传感器件、通用混合计算架构等核心技术，构建可用于政务领域多种场景的自主适应环境的混合增强智能系统、人机群组混合增强智能系统及支撑环境。

"混合增强智能"是指将人的作用或人的认知模型引入人工智能系统，形成"混合增强智能"的形态。这种形态是人工智能可行的、重要的成长模式。人是智能机器的服务对象，是"价值判断"的仲裁者，人类对机器的干预应该贯穿于人工智能发展始终。

举例来说，在公共卫生和医疗领域，人工智能进行疾病诊断、自动手术已在很多医院应用，但因为医疗关系到人的生命健康，人们对错误决策的容忍度极低，人类疾病也很难用规则去穷举，所以需要医生介入其中，发展人机交互的"混合增强智能"系统。我们可以将医生的临床诊断过程融入具有强大存储、搜索与推理能力的医疗人工智能系统中，让人工智能做出更好、更快的诊断，甚至实现某种程度的独立诊断；同时，又让医生介入其中，避免人工智能完全代替医生。

5. 应用自主无人系统的智能技术

应用自主无人系统计算架构、复杂动态场景感知与理解、实时精准定位、面向复杂环境的适应性智能导航等共性技术、无人机自主控制，以及汽车、船舶和轨道交通自动驾驶等智能技术，服务机器人、特种机器人等核心技术，实现无人系统在政务领域广泛深入应用。

例如，在救灾救援领域，无人系统就具有巨大的应用空间。当火灾发生后，尤其是仓库、化工厂等场合，时常发生二次爆炸或有毒气体的释放，给救援人员的生命安全带来巨大风险。而应用灭火机器人、侦查机器人、救援机器人等特种机器人，就可以代替救援人员安全地出入危险现场，自主开展灭火、侦查和搜救，减少救援人员健康和生命安全可能受到的威胁。

6. 应用虚拟现实智能建模技术

应用虚拟对象智能行为建模技术，提升虚拟现实中智能对象行为的社会性、多样性和交互逼真性，实现政务服务领域虚拟现实、增强现实等技术与人工智能的有机结合和高效互动。

以政务服务为例，通过虚拟现实、增强现实、混合现实等技术，可以让公众在家里就能获得与政务服务大厅人工服务相同的服务，人们只要戴上一副眼镜，对面就会出现虚拟的政府服务人员，通过对话、交互界面点选等方式就可以与虚拟服务人员进行沟通，咨询信息，办理业务。这类技术一方面方便了公众，提高了效率，减少了奔波；另一方面也减轻了政府服务大厅的建设成本和人员压力。

7. 应用智能计算芯片与系统

应用高能效、可重构类脑计算芯片和具有计算成像功能的类脑视觉传感器技术，构建具有自主学习能力的高效能类脑神经网络架构和硬件系统，实现具有多媒体感知信息理解和智能增长、常识推理能力的政务领域类脑智能系统。

智能计算芯片与系统是人工智能的基础设施，所有的人工智能应用都运行在这些基础设施之上，智能政务各种应用场景也都需要智能计算芯片与系统。

8. 应用自然语言处理技术

应用自然语言的语法逻辑、字符概念表征和深度语义分析的核心技术，推进人类与机器的有效沟通和自由交互，实现多风格、多语言、多领域的自然语言智能理解和自动生成。

在政务服务领域的智能服务机器人、在线人工智能客服、虚拟现实服务大厅等场景下，公众与智能系统的对话都需要自然语言处理技术，实现语音的分析、语义的理解甚至情感的分析，而智能系统也需要通过自然、拟人的语气、声调、语速和情感来回复公众的咨询和问题，介绍事务办理的要求流程。

以上是从核心技术的视角来审视智能政务的典型特征，当然，这些技术很多目前还处于发展的初期阶段，有待继续深入研究和探索。而从技术应用的结果及预期成效角度，智能政务还具有以下特点。

①智能化：具有像人一样的逻辑思维和推理能力。

②自动化：分析处理过程中可以根据预先设计的原则和流程，自主开展，无须人工介入。

③中立性：以基础数据和信息、预设规则作为决策的依据，避免非正常的人为干扰。

④去中心化：智能政务系统的建设，尤其是应用的拓展，不再仅仅由政府主导，社会各界，无论是企业、非营利性组织还是公民个人，都可以参与其中，进行建设、建议。

⑤开放性：政府部门间、不同层级间数据、信息和能力开放共享，政府与公众之间开放共享。

⑥能力不对称性：人工智能技术是前沿技术，因此，基础共性技术的开发能力掌握在少数技术公司和人员手上，大规模的计算所需硬件和设施的投入还是以政府和大企业为主，一般的公司和公众很难有能力参与其中。

⑦可扩展：智能政务系统的规模、功能、应用、服务能力可根据需要和技术发展进行扩展，而不需推倒重建。

⑧对外服务：最终智能政务要解决的还是服务问题，服务于公众，服务于其他政府部门，这是智能政务的价值所在。

当然，我们也应该清醒地看到，由于新一代人工智能技术的应用，现阶段的智能政务也存在一些因本身的技术缺陷而带来的局限。例如，当前的机器学习算法还是一种黑盒算法，人工智能系统给出了结果和决策建议，但人工智能系统并不理解它的输入和输出，公众作为使用者也不知道人工智能系统内部处理的逻辑，存在一定的伦理和安全隐患。这些问题将在后文中进行探讨。

以上就是智能政务相较政务信息化的以往发展阶段所具有的典型特征，这些特征将在政府管理、政务服务、社会治理的各种场景下充分地发挥和体现，为相关工作带来新的发展契机。

第三节　智能政务的应用场景

《新一代人工智能发展规划》中提到，"围绕提高人民生活水平和质量的目标，加快人工智能深度应用，形成无时不有、无处不在的智能化环境，全社会的智能化水平大幅提升。越来越多的简单性、重复性、危险性任务由人工智能完成，个体创造力得到极大发挥，形成更多高质量和高舒适度的就业岗位；精准化智能服务更加丰富多样，人们能够最大限度享受高质量服务和便捷生活；社会治理智能化水平大幅提升，社会运行更加安全高效"。其中在"发展便捷高效的智能服务"方面，要求通过新一代人工智能技术的应用，"推进社会治理智能化"，而"智能政务"就是社会治理智能化的重要内容。对此，规划要求"开发适于政府服务与决策的人工智能平台，研制面向开放环境的决策引擎，在复杂社会问题研判、政策评估、风险预警、应急处置等重大战略决策方面推广应用。加强政务信息资源整合和公共需求精准预测，畅通政府与公众的交互渠道"。

因此，结合《新一代人工智能发展规划》的要求，智能政务将重点应用于以下三大领域，19个场景（图3.2）。

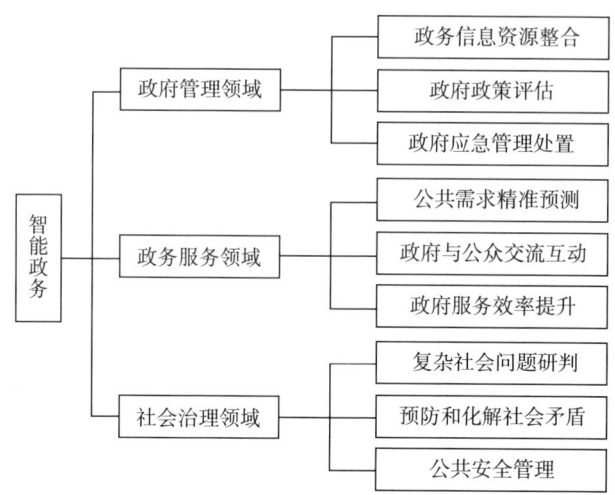

图3.2 智能政务典型应用场景

1. 政府管理领域的应用场景

①政务信息资源整合：打通信息孤岛，将分散的数据资源自动归集、分析、挖掘，形成决策参考。

②政府政策评估：在政府政策制定的前期、制定中、发布后，通过人工智能技术从多种信息来源全面搜集和分析所有利益相关方的诉求和意见，确保政策制定的精准性、有效性。

③政府应急管理处置：加强应急管理处置预案的科学设计、应急处置中的信息全面及地搜集和研判、跨部门跨区域资源调配，提高应急管理处置的效率，减少灾害蔓延，避免事态扩大。

2. 政务服务领域的应用场景

①公共需求精准预测：搜集公共需求利益各相关方的差异化诉求，对未来公共资源投资建设提供依据，确保提前建设、精准投入、满足未来各方所需。

②政府与公众交流互动：拓展交流互动手段，尤其是自动化、智能化、全

天候在线的交流互动渠道，打通沟通障碍，提升互动效果。

③政府服务效率提升：加快政务审批流程，减少公众排队和等待的时间，降低公共服务人员投入，提升社会满意度。

3. 社会治理领域的应用场景

①复杂社会问题研判：建立复杂社会问题研判综合平台，通过人工智能技术和模型，全面搜集社会问题信息和公众意见，并进行准确研判，从而做到事前预警、提前准备。

②预防和化解社会矛盾：及时搜集舆情信息，实现跨部门信息实时共享，对社会矛盾早发现、早介入、早化解，避免矛盾扩大，实现社会长治久安。

③公共安全管理：综合应用视频分析、舆情监控等人工智能技术，实现公共安全管理的自动化、智能化，替代传统低效的人工管理模式，确保公共安全问题及时预警、及时处置、及时善后，保障社会治安逐渐向好，安全隐患提前排除。

当然，人工智能在政府管理、政务服务、社会治理领域可以应用的场景、可以施展的空间非常广阔，随着人工智能技术的发展，以及在政务领域应用探索的不断深入，还将有更多更有效的应用场景出现。下一章节，我们将围绕《新一代人工智能发展规划》中提到的智能政务领域的几个重点应用场景进行分析，探索智能政务应该怎么做。

参考文献

[1] 国务院. 国务院关于印发新一代人工智能发展规划的通知：国发〔2017〕35 号 [A/OL]. (2017-07-20) [2019-05-20]. http://www.gov.cn/zhengce/content/2017-07-20/content_5211996.htm.

[2] The AI revolution：the road to Superintelligence[EB/OL].[2019-05-20]. https://getpocket.com/explore/item/the-ai-revolution-the-road-to-superintelligence.

• • • • 第二篇 • • • •

智能政务怎么做？

在了解智能政务的概况之后，这一篇我们将探讨智能政务如何真正落实到政府管理、政务服务和社会治理之中。本篇将会针对在政府管理、政务服务和社会治理中已经实现智能政务的场景和案例进行总结，对于尚未实现智能政务的领域，畅想智能政务在其中的作用与价值，描绘智能政务与新时代政府工作的融合模式，提出开发适于政府服务与决策的人工智能平台、研制面向开放环境的决策引擎的倡议，阐述人工智能在复杂社会问题研判、政策评估、风险预警、应急处置等重大战略决策方面推广应用思路，加强政务信息资源整合和公共需求精准预测，畅通政府与公众的交互渠道。

第四章

智能政务助力政府管理

上一章描述智能政务的应用场景时,划分出三大智能政务重点应用领域,政府管理正是其中之一,本章将详细探讨智能政务在政府管理领域可以有哪些助力,主要通过政务信息资源整合、政府政策评估、政府应急管理这3个具体的应用场景进行阐述。让我们一起看看人工智能如何应用在这些场景中,能起到什么样的作用和效果呢?

第一节 智能政务助力政务信息资源整合

一、为什么要进行政府信息资源整合

在阐述人工智能如何助力政府信息资源整合之前,先来了解什么是政府信息资源,什么是信息资源整合,为什么要进行政府信息资源整合。

首先,哪些信息属于政务信息资源?国务院于2016年9月5号印发的《国务院关于印发政务信息资源共享管理暂行办法的通知》中,对政务信息资源的定义是指政务部门在履行职责过程中制作或获取的,以一定形式记录、保存的文件、资料、图表和数据等各类信息资源,包括政务部门直接或通过第三方依法采集的、依法授权管理的和因履行职责需要依托政务信息系统形成的信息资

源等。

信息资源整合是信息在传播的过程中，信息系统内的各个部分有机结合在一起，进而实现相互融合、互相协作，可以持续地从环境中获取并分享信息，获取最大限度收益的过程。政务信息资源整合是对各类政务信息进行收集、分类、综合、分析与利用的过程。在政府的带动下，把分散于不同政府部门和社会中的信息资源集中在一起，对这些跨部门、跨领域的信息进行分析、整合和利用。在政府的主导下，实现政府信息资源的互联互通，使得政府各部门之间的数据可以相互利用，提高政府的工作效率。同时，实现政务信息资源的开放获取，使民众可以获取各类政务信息，做到让政务服务公开透明，让民众办事省心省力。

电子政务经过数十年的发展，目前已经累计了海量的政务信息资源，政务信息资源的深度开发可以让政府的效率大幅提升，也会从侧面反映政府的信息处理能力。在目前的智能化趋势下，政务信息资源整合变得更加重要，智能化是以大数据为基础的，只有做好政府信息资源整合，才能让政府各部门的分散信息汇集互通，形成"政务大数据"，从而为智能政务的实现提供良好的数据支撑，让数据能够真正服务于公众。

二、政务信息资源整合现状

自 20 世纪 80 年代以来，我国政府开始大力发展电子政务，信息资源的开发利用有了相当程度的进展，形成了一定的规模，经过多年的积累和发展，"互联网＋政务服务"在全国已形成普遍共识，各地区、各有关部门纷纷以政务服务平台创新政府管理、优化政务服务。但不可否认，管理分散、服务系统繁杂、事项标准不一、数据共享不畅、业务协同薄弱等问题，使政务服务整体效能不够强，办事难、办事慢、办事繁的现象依然存在。

目前，国家已经对政务信息资源整合有了足够的重视，并且出台了一系列政策，推动政府信息资源整合。2015 年 8 月，国务院印发了《促进大数据发展行动纲要》,其中明确提出"加快政府数据开放共享,推动资源整合,提升治理能力"。2016年12月,国务院发布了《"十三五"国家信息化规划》,提出要形成公共数据资源开放共享的法规制度和政策体系,建成国家政府数据统一共享交换和开放平台,基本形成跨部门数据资源共享共用的格局。国务院于2016年9月印发的《国务院关于印发政务信息资源共享管理暂行办法的通知》及2017年5月印发的《国务院办公厅关于印发政务信息系统整合共享实施方案的通知》中,给出了政务信息资源共享的具体实施方案。

政务信息资源整合的基础是信息共享、数据开放,这也是整合的难点所在。而要实现信息共享,首先要解决的问题就是各级政府部门"各自为政、条块分割、烟囱林立、信息孤岛"的历史遗留问题。为此,国家出台了《政务信息系统整合共享实施方案》,该方案提出了"五个统一"的基本原则——统一工程规划、统一标准规范、统一备案管理、统一审计监督、统一评价体系。这个方案实施效果究竟如何,笔者也无从得知,因为都是政府内部系统,根据可以搜集到的资料,部分省市积极实施该方案,基本做到了省内的信息系统整合。

在完成信息系统整合后,信息共享就清除了一大障碍,但还是需要统一的政策规范来指导信息共享。《国务院关于印发政务信息资源共享管理暂行办法的通知》中,提出了政务信息资源共享应遵循的4项原则:①以共享为原则,不共享为例外;②需求导向,无偿使用;③统一标准,统筹建设;④建立机制,保障安全。为了加快建立政府数据资源目录体系,推进政府数据资源的国家统筹管理,发展改革委与中央网信办印发了《政务信息资源目录编制指南(试行)》,统一了信息共享目录的格式与内容。但是目前看来,实施效果尚不明显。

信息共享是整合的基础,数据开放则是让数据创造价值的有效途经。《促进大数据发展行动纲要》中提出的目标是,在2017年年底前,明确各部门数据共享的范围边界和使用方式,跨部门数据资源共享共用格局基本形成。到2018年,中央政府层面实现数据统一共享交换平台全覆盖,实现金税、金关、金财、金审、金质等信息系统通过统一平台进行数据共享和交换。2018年年底前,建成国家政府数据统一开放平台。2020年年底前,逐步实现信用、交通、医疗、就业、社保、教育、科技、企业登记监管等民生保障服务相关领域的政府数据集向社会开放。

但是,目前进展较不理想,国家政府数据统一开放平台并未建成。据复旦大学联合国家信息中心数字中国研究院发布的《2019中国地方政府数据开放报告》统计,截至2019年上半年,共有82个省级、副省级和地级政府上线了数据开放平台,目前上线的各政府数据开放平台提供的数据基本上都有一致的框架,可以按照不同领域、行业、政府部门等类别获取需要的数据,且可以自己选择所需的数据格式(图4.1)。政府数据开放相比前两年已经有了很大的进步,但离《纲要》中的"建成国家统一数据开放平台"的目标还有较大差距。

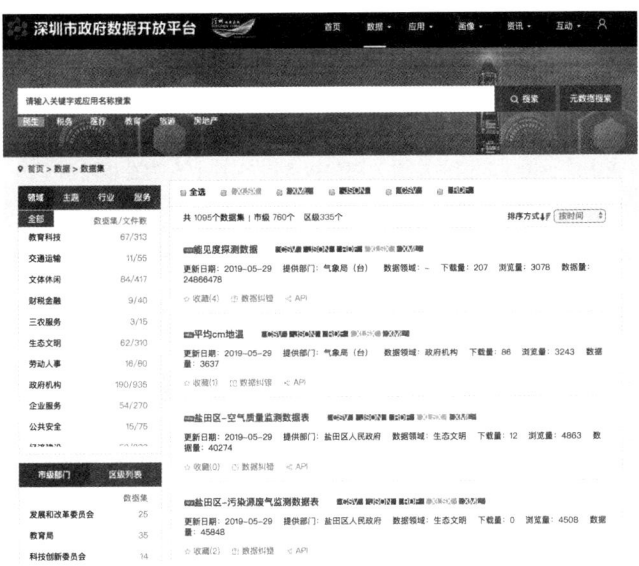

图 4.1 深圳市政府数据开放平台数据集页面

上述国家政策都是从数据层面推动信息资源整合,除此之外,国家还希望通过政务服务界面的整合,来推动信息资源整合的实现。于是在2018年7月,国务院印发了《国务院关于加快推进全国一体化在线政务服务平台建设的指导意见》(以下简称《指导意见》)。从国家层面实现顶层设计和总体规划,强调国家政务服务平台的"总枢纽"地位，从纵向和横向上明晰了国务院部门平台、各省级平台与国家总平台的对接，具有很强的指导性和操作性。《指导意见》中提出的四大目标如图4.2所示。

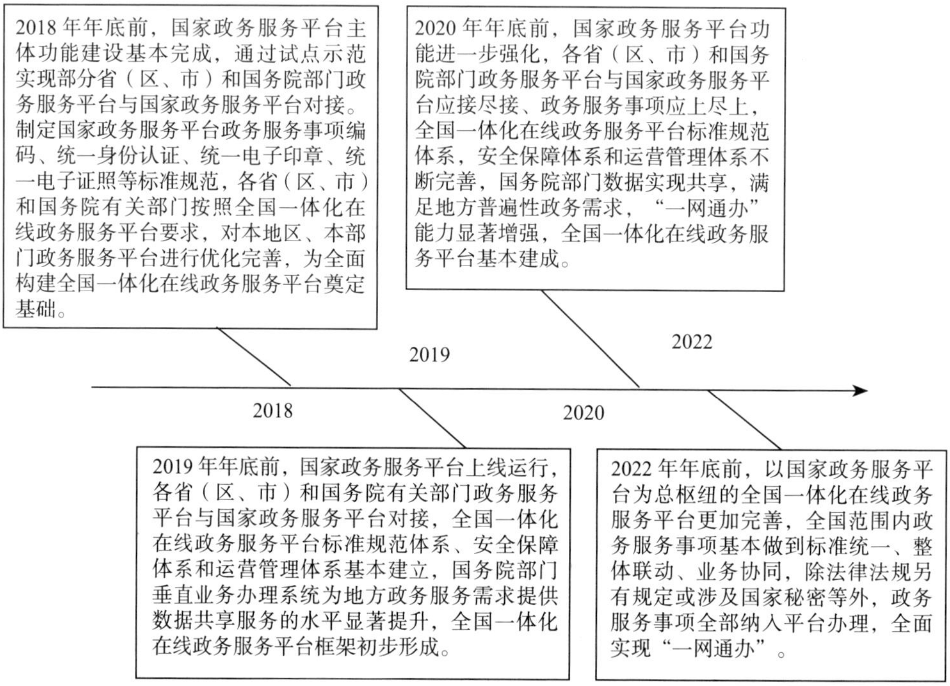

2018年年底前，国家政务服务平台主体功能建设基本完成，通过试点示范实现部分省（区、市）和国务院部门政务服务平台与国家政务服务平台对接。制定国家政务服务平台政务服务事项编码、统一身份认证、统一电子印章、统一电子证照等标准规范，各省（区、市）和国务院有关部门按照全国一体化在线政务服务平台要求，对本地区、本部门政务服务平台进行优化完善，为全面构建全国一体化在线政务服务平台奠定基础。

2020年年底前，国家政务服务平台功能进一步强化，各省（区、市）和国务院部门政务服务平台与国家政务服务平台应接尽接、政务服务事项应上尽上，全国一体化在线政务服务平台标准规范体系，安全保障体系和运营管理体系不断完善，国务院部门数据实现共享，满足地方普遍性政务需求，"一网通办"能力显著增强，全国一体化在线政务服务平台基本建成。

2019年年底前，国家政务服务平台上线运行，各省（区、市）和国务院有关部门政务服务平台与国家政务服务平台对接，全国一体化在线政务服务平台标准规范体系、安全保障体系和运营管理体系基本建立，国务院部门垂直业务办理系统为地方政务服务需求提供数据共享服务的水平显著提升，全国一体化在线政务服务平台框架初步形成。

2022年年底前，以国家政务服务平台为总枢纽的全国一体化在线政务服务平台更加完善，全国范围内政务服务事项基本做到标准统一、整体联动、业务协同，除法律法规另有规定或涉及国家秘密等外，政务服务事项全部纳入平台办理，全面实现"一网通办"。

图4.2 全国一体化在线政务服务平台建设四大目标

相比信息共享相关政策，一体化政务服务平台的构建在技术上较为简单，对各级单位配合程度的要求也不高，因此实施效果基本可以达到国家规划的水平。截至2019年6月，2018年的目标已经实现，但各省（自治区、直辖市）和国务院有关部门政务服务平台与国家政务服务平台对接还在建设之中，尚未完全实现，按照目前进度来看，2019年年底应该可以基本实现2019年的目标。

全国一体化在线政务服务平台的建设是由基层开始，层层向上的，将县市政务服务平台统一整合到省级政务服务平台，省级政务服务平台再与国家政务服务平台进行对接。在《指导意见》的要求下，各省级政务服务平台虽网站设计各有不同，但提供的服务及政务资讯基本已经标准化、格式化，各省级部门、县市服务平台都已整合至同一个省级平台之中，不见面清单、政府部门权责清单等民众较为关注的信息也都在首页显眼处公示（图4.3）。

图4.3　江苏省政务服务网首页

目前，省级服务平台与国家政务服务平台的对接尚未完全实现，在国家政务服务平台主体功能基本实现的基础上，国务院办公厅正在逐步推进各项支撑全国各地各部门的政务应用试点工作。目前，一些试点地区和国务院试点部门已实现与国家政务服务平台对接，并在国家政务服务平台开设了旗舰店，接入了包括公安部交管类、教育部留学服务中心、发展改革委投资项目在线审批监管平台等几百个高频应用。目前建成的国家政务服务平台如图4.4所示，已有较多省级平台的部分服务与国家平台对接成功，随着平台建设的不断推进，各省级政府平台的各项服务会全部对接完成，进一步完善全国政务服务总门户的服务内容，实现全国范围的一网通办。

《指导意见》的出台及一体化政务服务平台的构建说明国家对信息资源整合有了足够的重视，但是，这个平台只是面向公众的部分信息资源整合，政府内部非公开的信息资源整合依然存在着信息壁垒，即使有国家的大力推动，信息

图 4.4　国家网上政务服务大厅

共享也仍未真正实现，巨量的政务数据资源也未得到充分的开发利用，信息安全问题也还有待解决。

三、人工智能助力政务信息资源整合

国家大力推动信息资源整合，制定了统一的标准，自下而上建立了一个全国一体化在线政务服务平台，来完成面对公众的宏观政务信息资源整合。虽然政务信息资源整合尚未完成，但我们在日常生活中已经可以感受到目前政务信息资源的部分整合为我们办事所带来的便利，以及效率的大幅提升。我们想要实现智能政务的目标，最基础的就是信息资源整合。

智能政务与政务信息资源整合之间的助力是相互的，信息资源整合是智能政务的基础支撑，但人工智能技术的发展同样也可以加速信息资源整合的进程。

从微观上看，人工智能技术使工作人员在对信息资源进行整合时更加高效。有时需要获取各类数据，进行分析汇总，得出工作报表，这也是信息资源整合在微观层面的体现，而这个过程需要工作人员自己去收集数据，对数据进行处理，然后再选择合适的呈现方式把数据变成图表，虽然步骤说起来简单，但如果数据量很大的话，每一步都需要耗费大量的时间和精力，现在这些都可以通过人工智能技术代劳。通过代码可以轻松抓取到自己所需要的数据，然后借助文本分析、图片识别、聚类分析等功能，对数据进行处理和分析，最后选择合适的呈现方式输出成各类图表。这样可以节省工作人员的时间和精力，提高政府部门的人员利用效率。

从宏观上看，虽然国家已经致力于打造一个一体化的政务服务平台，但这个平台的建成并不意味着政府的信息资源整合完成，政府各部门之间一些涉及部门利益的信息资源共享依然存在着很多问题和障碍，政务大数据的利用还停留在初级阶段，尚未完成全面系统的整合。

前文提到了信息资源整合的概念，信息资源整合不是单纯地把数据聚合在一个平台之中，还包含了对数据的分析和利用，目前我们在利用方面还做得远远不够。我国目前还没有形成"全国统一政务数据平台"，仅现有的数据，都还有大量处于闲置状态，没有发挥应有的价值。人工智能对于大数据的开发利用可以有很大助力，人工智能结合数据挖掘、云计算等技术，可以将大量闲置数据资源应用起来，创造价值。

目前，人工智能技术还处于弱人工智能阶段，能够应用于信息资源整合的技术主要是机器学习相关技术。机器学习是人工智能的重要支撑技术，是个比较大的技术概念，涵盖了如聚类分析，文本分析、图像识别等技术。利用机器学习技术，可以获取不同类型的信息资源，包括文本、图片、视频等，然后对其进行分类或聚类，将海量杂乱无章的数据分门别类，处理成可以使用的信息，充分开发政务大数据的价值，为政府的决策和服务提供帮助。

信息资源整合面对的另一个问题——信息安全，不同政府部门间的信息壁垒很大程度上是源于相互之间缺乏信任、数据容易泄露、交换不及时、数据不一致等。这很难用人工智能技术予以解决，但有些学者提出了用区块链技术促进政务信息资源共享。这是一个可行的构想，区块链技术如果与人工智能相结合，可以提高人工智能的安全性和稳定性。运用区块链的去中心化理念，构建政务信息资源共享与交换的网络体系，从而促进智能政务的实现。但是，区块链技术本身也还在发展之中，能否真的能用于实践还未有定论。

人工智能技术在未来如果能够有突破性的进展，可以自动收集、存储、分析和利用各类信息资源，自主进行信息资源整合，那么，科幻片中出现的AI虚拟大脑，给决策者提供各类数据支持和决策辅助，也可能会成为现实。

第二节　智能政务助力政府政策评估

一、什么是政策评估

要了解人工智能如何应用于政策评估，首先要先了解什么是政策评估，它到底要评估什么，分为哪些步骤。政策评估的定义一直没有一个准确的定论，政策评估源于20世纪初的美国，最初是以社会项目评估的形式出现在公众面前。20世纪90年代以来，公共政策评估受到越来越多国家的重视，许多国家相继开展了公共政策评估工作，作为提高公共政策决定质量、改善政府管理水平、推进政府行政改革的重要手段。我国政策评估工作始于20世纪80年代，在20世纪90年代后期得到了快速发展。

肖士恩等学者将政策评估概括为3种观点。第一，对政策方案进行评估。认为政策评估主要是对各种政策方案进行可行性分析和判断，得出研究报告以供决策者参考。这种评估一般涉及单项政策在制定前的研究。第二，政策过程评价，这种观点认为，政策评价贯穿于政策制定和实施的全过程，是政策主体决定一项或多项政策制定、持续、终止的关键，具有时时跟踪的特点。第三，政策效果评估，它包括政策结果评价、政策效益评价和政策效力评价3个方面。

上述观点总结得较为完整，本质上将政策评估按照政策周期分为3个阶段：事前评估（预评估）、过程评估和事后评估，即在政策制定时对拟出台政策进行评估，在政策执行时对政策执行过程和效果进行评估，最后对政策的产出、结果和影响进行评估。

公共政策评估有利于顺利实现公共政策的目标，有助于完善与健全决策系统。它可以检验公共政策的影响与效果，为政府提供政策运行结果等诸多有价值的信息，让人们准确地判断政策的成败及其程度。政策评估为后续的决策走向提供了扎实的依据，有助于及时找出政策过程中的主要问题，也可以有效衡量现行政策的效益及效率，为持续优化政府的政策资源打下良好的基础。它也为目标群体发表对公共政策的看法、提出政策意见及判断政策绩效提供了不可多得的平台，循序渐进地提升公共决策的民主化及科学化水平。

二、政府政策评估现状

尽管各级政府科学决策、依法行政的意识不断增强，但目前因公共政策制定或执行不当而影响政府公信力的例子却并不鲜见。例如，"煤改气"的强力推行及其政策反复就曾受到舆论的广泛关注。该政策的初衷是为了治理空气污染，解决京津冀地区连续多年的雾霾问题，但由于影响了部分地区群众过冬而不得不缓行和调整。类似的事情在经济政策实行中也曾发生。政策的反复和调整执行不仅导致政府在舆论上面临被动局面，同样也造成政策权威性和政府公信力受损。

推行这些政策的出发点是好的，有其现实与长期发展的需要，那为什么一项"好"的政策在落地时会受阻，在执行中出现政策反复？这需要考虑政策本身的有效性、配套政策对核心政策的支撑性、政策利益相关方对政策的认同性，以及对政策实施的成本与风险估计是否充分等。这些都是政策评估的必要环节，应该在政策制定和出台时予以充分论证和评价。

目前，政策预评估的缺失或流于形式，加之缺乏听证会等必要制度保证，带来了政策执行的高成本和政策实施效果受损。由于政府偏重政策推出，同时缺少追问实施效果的机制设定，使得无法根据评估结果及时对政策进行相应调整和完善，从而影响了政策预期目标的实现。即使一些政策进行了实施效果评估，但也较多的是关注政策的"产出"，如覆盖范围、项目数量等，而缺乏对更深入的"结果"和"影响"的评价，即政策对它所要解决的原始问题的回应程度。

我国当前利益格局的多元化和经济内外环境的复杂化加大了公共决策的难度。政策的相关利益方由于资源、职能和角色的不同，对待同一政策的看法也不相同，容易产生矛盾和冲突。除了在政策推行过程中加大舆论宣传、人情执法之外，遇到政策实施难、政策遇阻、政策反复时，更重要的是要反思政策本身有没有问题，有没有在政策实施前进行有效的政策预评估，充分考虑各有关利益方的意见和诉求。

近几年来，随着政府对第三方评估、智库建设和绩效评价的强调，政策评估在公共政策决策中的地位不断提升。尽管如此，与我国经济社会发展环境的现实要求相比，政策评估仍存在一些需要改进的方面。政策评估不仅需要进一步完善评估机制、组织和方法，更重要的是要充分重视政策（预）评估的作用。在政策制定中充分评价和考量政策的效应（有效性）、效率（政策成本与风险）、可行性（认同度和执行性），从而强化政策的科学性与可执行性。

三、人工智能助力政府政策评估

按照政策评估包括事前评估、过程评估和事后评估的思路，我们将人工智能助力政府政策评估也分为3个部分：人工智能如何在政策实施前帮助决策者提高决策质量；人工智能如何助力政策执行过程评估；人工智能如何协助进行政策实施完成后的绩效评估。

第一部分，人工智能如何在政策实施前帮助决策者提高决策质量。在语音、视频、图片等利用难度较大和成本较高的传统治理时期，由于收集、处理和分析数据需要投入大量的时间和人力,要为行政决策收集比较全面而真实的信息是很难做到的,这也导致行政决策存在很多的不确定性和风险。

现在随着互联网的普及,各类数据的收集变得非常容易,并且很容易通过网络平台与民众进行互动交流,可以在政策发布前收集民众对与政策的反馈信息,从而及时做出调整。人工智能的出现可以从两个角度帮助政策制定质量的提高,一是分析过去的政策相关信息及民众的反馈信息,给决策者提供决策建议;二是在决策者制定出政策后,对政策实施结果进行预测。

人工智能技术如何利用过往的政策信息来辅助决策者制定政策呢?主要是通过数据挖掘技术,一般来说,大部分数据挖掘技术不属于人工智能范畴,但这里需要的不是单纯的数据挖掘,而是文本数据挖掘。因为大量政策信息并不会以单纯的数据形式保存下来,主要还是计算机无法理解的自然语言,因此,需要通过文本分析对这些原始信息进行抽取。此外,对于一些图片、视频资源,可运用图像识别技术转化为可利用的数据。

信息抽取就是按照一定的框架从文本中提取指定信息,如从新闻报道中抽取出时间、地点、人物、原因、过程、结果等。抽取结果一般是以结构化形式呈现,让计算机可以进行进一步分析。在抽取完成后,通过统计分析、可视化分析等方式,将分析结果呈现给决策者,让决策者可以了解到目前需要制定什么政策、如何制定政策能达到更好的效益等可以辅助决策的信息。这是最基础的人工智能技术,更进一步,人工智能的专家系统如果经过足够的训练,甚至可以直接给出政策制定内容建议,这也是目前人工智能的发展趋势。

对于民众的反馈信息,有些可能是通过网上调查问卷的形式进行的民意采集,这部分数据可直接参考,不太需要人工智能技术的处理。但除此之外,在一些政策相关信息的评论或转发中,也有很多有用的民众反馈,这部分需要用到文本分析和情感识别,来分辨民众对与这项政策的情绪反应,从而做出合适的调整。

此外,人工智能通过机器学习,可以对政策结果进行预测,也有利于提高决策的质量。要实现这一过程，第一步与上述一样，要先进行数据预处理，将过去的政策内容及政策实施结果等原始文本处理成计算机可以理解的信息，然后，处理过的信息可以作为训练样本，让计算机进行深度学习，使计算机学得一个政策结果预测模型。在计算机学得模型后，要先进行测试，测试该模型的精确度，并根据测试结果做出相应的调试，在模型最终确定后，就可以自动对待评估的政策进行文本分析，并按照模型对其可能达到的执行效果进行预测。在有几个待选政策方案时，预测结果可以有效帮助决策者进行选择或修正。

目前，已经有很多国内外学者在研究和试验不同的政策预测模型，但目前对政策结果的预测想要精准到某个时间点会发生什么事的程度，还存在一些技术困难，目前的预测模型主要是预测某个事件是否会发生，或者是针对数值变化的类型或方向做定性描述。

第二部分，人工智能如何助力政策执行过程评估。政策执行过程评估的主要是跟踪政策实施情况，如果偏离预定目标，及时修正，若出现严重问题，可以及时中止。但这部分的评估需要根据各个案例的情况而定，主要是跟踪政策实施的目标对象的反应，除了部分经济政策外，一般来说政策实施的目标是人，那么，进行评估就主要依靠在政策实施的不同阶段对政策实施对象进行问卷调查、采访等方式。

互联网让这个过程变得容易了很多，评估的准确性和真实性也有所提升，之前受人力限制，只能小规模调查采访，并且一些利益相关的团体或机构甚至可能操作调查结果，但现在有了互联网，线上可以进行大规模调研，调研结果也较难操控，并且利用人工智能技术对调研的文字内容进行文本分析，可以省去大量人力及时间成本。如果是通过采访的方式进行调研，可以利用人工智能的语音识别技术，将采访结果文字化，再进行文本分析，大幅提高信息处理效率。同时，这部分语料可以作为政策信息的一部分储存起来，丰富人工智能的语料库，让人工智能的决策建议越来越精准。

如果是经济政策，那人工智能的作用就更加明显了，经济政策的相关信息本来就包含大量数据，人工智能在进行分析时会容易很多，也会比分析文本更加精准。通过人工智能对市场数据进行实时监控，可以及时了解政策实施情况，在情况偏离预期时可以及时调整。

第三部分，人工智能如何助力政策绩效评估。我国目前尚未建立一个完善的政策绩效评估体系，而政策绩效评估的准确性、客观性主要是由绩效评估的指标决定的。通过哪些指标对政策绩效进行评估，如何建立更好的评估模型，人工智能可以通过数据分析和机器学习，对不同类型的政策有针对性地提出不同类型的绩效评估模型，这样制定的指标更加全面客观，从而得到更加准确的评估结果。

但是，政府绩效的评估还存在着一个难点：我们观测到的政策实施结果，主要是政策针对政策实施对象的短期影响，但是政策的绩效其实也应该包括政策产生的一些宏观影响、侧面影响及长期影响，而这些影响在多大程度上是由待评估的政策所导致的，这个部分很难界定，这些结果的产生可能受到很多因素的影响，无法把某个政策的结果独立地剥离出来，就无法精确地评估该政策的绩效。这个问题该如何解决，还需要进一步的研究和探讨。

第三节　智能政务助力政府应急管理处置

一、应急管理是什么

在中国，"应急管理"这一概念最早是在1989年5月27日的《人民日报》上被公开使用的，此前，尽管没有应急管理这一专门概念，但是从政府对于自然灾害和社会动乱的处理和应对中，都可以看到政府应急管理的举措。那么，我们目前所说的应急管理到底包含哪些内容呢？

应急管理是指政府及其他公共机构在突发事件的预防监测、应急准备、应急响应和善后恢复过程中，通过建立必要的应对机制，采取一系列必要措施，应用科学、技术、规划与管理等手段,保障公众生命、健康和财产安全;促进社会和谐健康发展的有关活动。

应急管理的内涵包括预防、准备、响应和恢复4个阶段。尽管在实际情况中,这些阶段往往是重叠的,但它们中的每一部分都有自己单独的目标,并且成为下个阶段内容的一部分。而应急预案是应急救灾的指导性文件,是应急管理中极为重要的部分,目前我国的应急预案体系基本流程如图4.5所示。

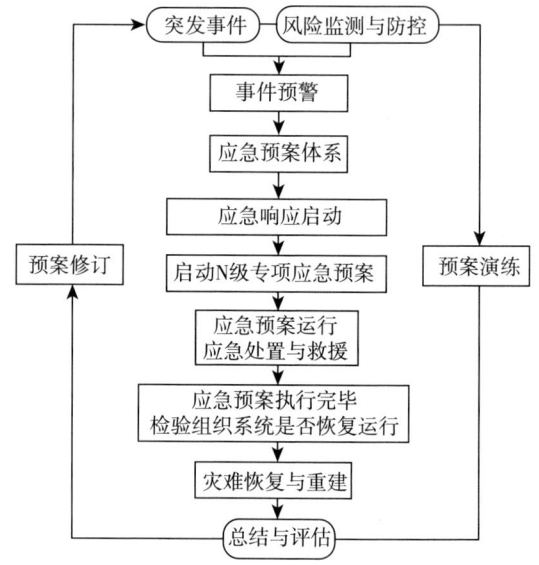

图 4.5 我国应急预案体系示意

来源:王喜芳,刘霞.以风险防控预警为导向的新型应急预案体系研究及其构建方法[J].上海交通大学学报(哲学社会科学版),2018,26(6):67-74.

二、我国的应急管理发展现状

2018年3月,新一轮国务院政府机构改革中,将国家安全生产监督管理总局的职责,国务院办公厅的应急管理职责,公安部的消防管理职责,民政部的救灾职责,国土资源部的地质灾害防治、水利部的水旱灾害防治、农业部的草原防火、国家林业局的森林防火相关职责,中国地震局的震灾应急救援职责,以及国家防汛抗旱总指挥部、国家减灾委员会、国务院抗震救灾指挥部、国家森林防火指挥部的职责整合,组建应急管理部。应急管理部的组建,改变了国家层面应急管理的体制和机制,我国"一案三制"为核心的应急管理体系开始向全风险、全过程的公共安全综合治理转变。

目前,我国已构建了多类型、多层次的平台体系,并在对汶川地震、玉树地震、舟曲泥石流等灾害应急实践的经验总结基础上,相继成立了国家应急广播中心平台（2013年）、国家预警信息发布中心平台（2015年），建立了网络舆情和各类突发事件监测预警体系，近年来对处置灾害类突发事件的保障能力明显增强，但是依然存在很多有待解决的问题。

综合性的应急管理部虽然成立了，但是"分类管理、分级负责、条块结合、属地为主"依然是应急管理机构应对突发事件时的基本原则，跨域突发事件的预防监测与应急准备、应急处置与救援、事后恢复与重建等工作面临的协调难度很大，相邻地区在应急管理上的实际协作问题还有待解决。

我国应急预案还有很多不够完善的地方。首先，目前的应急预案体系，重处置轻预防，重救灾轻防灾，对灾前风险辨识及灾害预警不够重视。其次，我国的应急预案基本是由各级政府的各个部门分别牵头编制的，虽然整个应急预案体系预案数量巨大，但基本还停留在单部门和单灾种阶段，缺乏系统性、前瞻性和科学性。应急预案中的处置方案流程等与实际的处置过程相差很大，因此，导致长期以来基层救灾部门对预案体系、应急准备阶段各项工作等缺乏重视。

现有的城市基层社区和乡村地区是我国应急管理体制和机制建设的短板，很多城乡社区应急管理的体制机制建设和应急力量与设备建设处于空白地带。同时，广大乡村地区的交通基础设施状况较为落后，在很大程度上也制约了突发灾难事故和事件发生时城市应急管理力量和设施的及时到达，导致突发事故或者事件因没有得到及时救援而损失惨重。

三、人工智能在应急管理中的应用

目前，已经有很多人工智能技术被应用于应急管理之中，如天气预报，映射在应急管理领域就是气象灾害预警，这个领域已经发展得较为成熟了，且人工智能也在这个领域的发展中扮演了重要的角色。机器学习、自然语言处理、计算机视觉等技术的应用，让气象预警越来越高效和准确。

此外，很多救灾机器人也在不断地研发、优化和推广，目前，在灾害救援过程中，已经有很多救灾机器人参与，使救灾工作的效率得到提高，也让救灾人员的安全得到更多保障。例如，不久前发生的一场令人痛心的火灾——巴黎圣母院大火，就应用了火灾机器人帮助消防员进行灭火救援（图4.6）。

图4.6　巴黎圣母院火灾

当地时间2019年4月15日下午6点50分左右，法国巴黎圣母院突发火灾，整座建筑损毁严重。幸运的是，在整个火灾扑救过程中，没有造成人员伤亡，巴黎消防局使用的遥控消防机器人Colossus功不可没。

巴黎圣母院火灾扑救现场困难重重，消防员们需要携带沉重的软管和工具进入不稳定的重型结构之中，而古老的教堂更是给扑救工作带来了种种挑战，火灾中，巴黎圣母院的尖顶随时可能垮塌，古老的木结构也可能砸在进入火场的消防员身上。巴黎消防队重约500千克的灭火机器人Colossus在这时候帮了大忙，它能够帮助消防队员操作消防水带，移动设备或将伤员运送到安全地点。该机器长约1.6米，宽和高在0.76米左右，可在300余米外进行操作。另外，还有其他机器帮助Colossus对抗火灾，其中包括两架无人机，一架DJI Mavic Pro和一架Matrice M210，用来对教堂进行热成像，并将水引导到最热的地方。

这次火灾救援中，人工智能起到了举足轻重的作用，火灾机器人的使用最大限度地保障了救援人员的生命安全，无人机的辅助让火灾扑救更加高效。

但是，救灾机器人目前可投入使用的场景还较为有限，很多场景的救灾机器人尚在研发之中，相信随着技术的发展，未来会有更多种类的救灾机器人可以应用于各种场景，进一步提高救援效率并保障救援人员的生命安全。

上面所提到的应用案例都只是非常单一的应用层面，人工智能在应急管理方面能够做的远不止如此，应急管理需要有完整的体系配合，才能达到较好的效果，仅仅有单一的技术发展，有时并不能达到预期的结果。

例如，2019年4月11号发生的深圳市瞬时强降雨导致的洪水事件，深圳市气象局于当天19时12分发布气象预警，当天20时30分，水务部门转发了气象局黄色暴雨信号。但某施工单位抱有侥幸心理，未及时组织人员撤出，导致重大伤亡。因此，预警只是第一步，拥有一个完善的应急管理体系才能避免类似的遗憾再次发生。

因此，想要真正从根本上解决我国应急管理所面对的问题，就应该构建一个一体化综合减灾智能服务系统。近十几年，综合减灾"智能化"系统已在少数发达国家或地区得到了应用和验证。美国国家应急事件管理系统始建于2008年，采用生命周期模式实现跨部分、多事件的应急处置管理，指导各部门、各级政府、非政府组织和私人机构进行协同合作。哥白尼应急管理服务中心为欧盟境内的自然灾害、人为应急事件和人道主义危机提供及时准确的地理空间信息服务。日本建成覆盖全国的地震和海啸预警系统，建立了灾害信息系统、应急对策支援系统和早期评价系统。

一体化综合减灾智能服务系统包含了应急数据集成、应急预案管理与智能匹配技术、应急空间模型分析技术、应急知识图谱和应急主动推送服务技术等，为应急救援决策、指挥调度、信息发布提供支持全空间定位、异构融合、场景可视化、模型计算和推演下的基础综合减灾智能服务。同时，能够根据不同的业务需要，快速定制不同的应急减灾应用，满足不同行业、地域、部门的多方面需求，为实际应用的开展提供快速的功能定制。

一体化综合减灾智能服务系统围绕地震、洪水、地质灾害、城镇火灾、交通事故、建筑物倒塌等6类灾害，考虑灾前预防、灾时预警及救援、灾后重建及评估等过程，以中央和各相关部门领导决策、灾害现场指挥及救援人员、人民群众和受灾人员为服务对象，结合自适应可视化、模型推演、地图匹配及大数据流式计算等关键技术为决策者、指挥者及人民群众提供个性化多粒度综合减灾智能服务。逻辑架构设计分为用户层、服务层、系统层、支撑层、数据层5个基础层级，如图4.7所示。

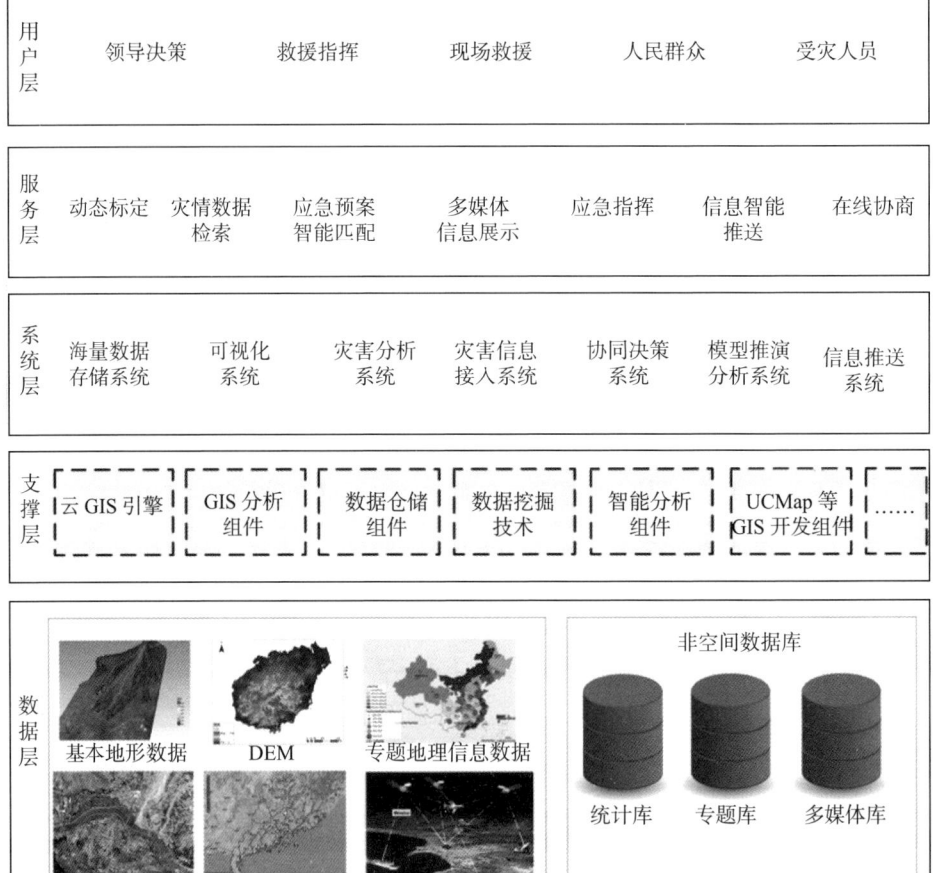

图 4.7　一体化综合减灾智能服务系统逻辑架构

来源：刘纪平，张用川，徐胜华，等. 一体化综合减灾智能服务顶层设计研究[J]. 武汉大学学报（信息科学版），2018，43（12）：2250-2258.

(1) 数据层

数据层是一体化综合减灾智能服务系统的数据及资源基础，是综合减灾信息存储的重要媒介，包括基本地形数据、数字高程模型（digital elevation model，DEM）、专题地理信息数据、遥感影像数据、瓦片数据、动态定位数据等空间数据，以及统计库、专题库、多媒体库等非空间数据。

(2) 支撑层

支撑层是一体化综合减灾智能服务系统的技术支撑，主要通过云地理信息系统（geographic information system，GIS）引擎、GIS分析组件、UCMap等GIS开发组件基于GIS路径分析、缓冲区分析等功能进行二次开发，以数据仓储组件及数据挖掘技术为基础，对灾情模型数据、灾情可视化数据、灾情专题图等数据进行提取及存储，进而为服务层提供数据基础。

(3) 系统层

基于云GIS引擎、GIS分析组件、UCMap等GIS开发组件进行二次开发，形成海量数据存储、可视化、灾情分析、灾情信息接入、模型推演分析、信息推送等地理信息服务系统，对空间及非空间地理信息数据进行整合、推演、展示等处理，进而提供态势感知信息接入、救援装备动态标定、灾害现场多种态势信息的多维联动展示、应急预案智能匹配、灾害模型推演、灾害现场应急指挥、多专家在线协商、灾情信息智能推送等智能分析与服务。

(4) 服务层

服务层是一体化综合减灾智能服务系统的用户交互层，其面向领导决策、应急指挥、人民群众等不同人群提供动态标定、灾情信息检索、应急预案智能匹配、应急指挥、在线协商等个性化综合减灾信息服务。

(5) 用户层

针对中央和各相关部门领导决策、灾害现场指挥及救援人员、人民群众和受灾人员等不同群体对灾情信息的不同关注角度，将一体化综合减灾智能服务系统的服务对象分为决策者、指挥者及人民群众3个受众，并针对不同人群提供个性化多粒度综合减灾智能服务。

一体化综合减灾智能服务系统依据系统架构构建了灾害信息管理与建库、应急事件定位与感知、应急信息提取与统计、应急模型分析与推演、综合减灾智能服务5个模块。

①灾害信息管理与建库模块包含了人口、经济、法人等基础信息，应急保障资源、防护目标、危险源等应急专题信息，应急历史信息及互联网挖掘等相关灾情信息，通过整合各类应急信息，并进行多层次特征提取和多层级关联分析，最终形成应急知识库。

②应急事件定位与感知模块包括灾害事件定位、灾害现场室内外一体化定位及灾害现场感知信息介入等功能，实现了灾害现场的人员、车辆及救援物资等实时定位与三维场景可视化。

③应急信息提取与统计模块主要包括灾害专题信息提取、图形范围查询信息、应急专题信息查询，实现了灾害影响范围内各类灾害信息的提取、整合、关联与统计分析等功能。

④应急模型分析与推演模块不仅实现了人员疏散、二三维路径分析、土方量计算、空间叠加分析、缓冲区分析等通用空间分析模型，还包括火灾、地震、交通事故、地质灾害等典型灾害的专业应急减灾模型和二三维推演分析服务。

⑤综合减灾智能服务模块包含综合制图服务、知识图谱服务、智能预案服务、主动推送服务，实现了应急快速自适应制图服务、典型灾害知识图谱服务、应急主动推送服务等，并可自动生成一体化综合减灾智能应急方案。

一体化综合减灾智能服务系统目前只是一个构想，我国应急管理虽然已经有了很大进步，但目前还较为分散，如果能建成这样一个统筹系统，应急救灾效率会大幅提高。此外，在这个系统的基础上，利用人工智能进行应急需求预测，建成一个完整的应急管理体系，才能达到最佳的应急管理效果，但在此之前还应制定相关法律法规，完善各级地区单位应急装备及人才，才能让应急救灾落到实处。

参考文献

[1] 安萌. 大数据环境下的政府信息资源整合研究[D]. 哈尔滨：黑龙江大学，2017.

[2] 国务院. 国务院关于印发促进大数据发展行动纲要的通知[Z].2015-09-05.

[3] 国务院. 国务院关于印发"十三五"国家信息化规划的通知[Z].2016-12-15.

[4] 国务院. 国务院关于印发政务信息资源共享管理暂行办法的通知[Z].2016-09-19.

[5] 国务院. 国务院办公厅关于印发政务信息系统整合共享实施方案的通知[Z].2017-05-18.

[6] 尚丹.《关于加快推进全国一体化在线政务服务平台建设的指导意见》解读[J]. 信息系统工程，2018（10）：10-13.

[7] 王志锋. 加强政策评估 提升决策科学化[EB/OL].（2019-03-06）[2019-06-03]. http://news.cssn.cn/zx/bwyc/201903/t20190306_4843419.shtml.

[8] 高峰. 政策评估的通用模型研究[J]. 科技管理研究，2015，35（24）：35-39.

[9] 王喜芳，刘霞. 以风险防控预警为导向的新型应急预案体系研究及其构建方法[J]. 上海交通大学学报（哲学社会科学版），2018，26（6）：65-72.

[10] CNMO手机中国. 巴黎圣母院火灾扑救工作零伤亡消防机器人功不可没[EB/OL].（2019-04-17）[2019-05-22]. https://baijiahao.baidu.com/s?id=1631053577737686691&wfr=spider&for=pc.

[11] 环球时报. 7死4失联，深圳洪水不仅是天灾[EB/OL].（2019-04-12）[2019-05-22]. https://baijiahao.baidu.com/s?id=1630592469657333371&wfr=spider&for=pc.

[12] 刘纪平，张用川，徐胜华，等. 一体化综合减灾智能服务顶层设计研究[J]. 武汉大学学报（信息科学版），2018，43（12）：2250-2258.

第五章

智能政务助力政务服务

上一章讲了智能政务在政府管理中的应用,政府管理主要是政府内部运转,与我们的日常生活有一定距离,那么本章描述的智能政务在政务服务中的具体应用,就与我们的生活息息相关了。相信很多人已经体会到人工智能应用于政务服务所带来的便利了。本章将从公共需求精准预测、政民交流互动、政府服务效率提升3个场景来具体阐述人工智能在政务服务中已经起到的作用,以及未来还能有什么更好的发展。

第一节 智能政务助力公共需求精准预测

一、什么是公共需求

公共需求是当社会或者众多个人作为一个整体时所产生的需求,这种需求一般是通过预算来提供的,使用者可以免费得以满足。在这种需求中,不包括由单个人或集团的差异和偏好决定的需求。公共需求及满足这种需求的公共商品是政府公共支出产生的根源,也是政府支出及公共决策最基本的依据和范畴。

公共需求是随着社会发展不断变化的，习近平总书记在党的十九大报告中提到：我国社会生产力水平总体上显著提高，社会生产能力在很多方面进入世界前列，更加突出的问题是发展不平衡不充分，这已经成为满足人民日益增长的美好生活需要的主要制约因素。马斯洛在需要层次理论中指出，人们在满足了低一级的需要以后就会产生更高一级的需要。在社会处于极不发达的时候，社会的公共需求较少，主要集中于个人的基本生存与安全需要，当社会发展处于中等水平时，人们基本生存、安全需要得到满足，开始有了追求发展的需要，当社会发展处于发达水平的时候，人们就会有更高的需要，如追求自尊自主和自我实现等需要（图5.1）。

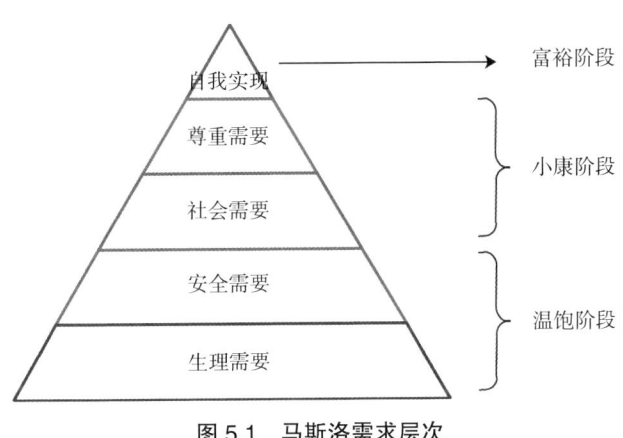

图 5.1　马斯洛需求层次

因此，随着时代的发展，我们对公共需求要有更加个性化，更加精准的预测，才能让政府在进行支出预算、资源配置等公共决策时更加精确，提高政府决策质量及政府公共支出效率，切实满足民众的需求。

二、传统公共需求预测的困境

公共需求预测的基础是公众需求的识别，在精准识别公共需求的基础上才能对公共需求进行精准的预测。目前，公共需求难以精准预测的主要原因也是在需求识别方面遇到的阻碍。

(1) 理念缺失

目前研究表明,"政府特别是基层政府现阶段在本质上还是一个经济建设型政府"。在"经济建设型"政府看来,提升经济水平和增加居民收入是当地公众最为迫切的需求,是政府管理的主要职责,从而使一些基层政府缺少识别和满足公众需求的内在动机驱动,盲目地以经济发展为目标,而忽视公众的真实需求。

(2) 技术制约

需求数据获取"长周期",导致供给的相对静态化与需求的动态化之间产生矛盾。在传统决策中,以量化数据为主要参考数据,主要以官方的统计数据、科研机构的专项社会调查数据等结构化数据为主,数据的获取和分析依赖科学的指标体系构建、精准的抽样设计、大规模的问卷调查和专业的统计学分析。而定性的数据则主要以实地访谈和田野调查等途径获取,依赖长期深入的实地调研和对定性资料的深入分析与理论提炼。数据的获取和分析均需经历一个较长的周期,从而使得公众需求数据难以避免地具有相对滞后性,与公众日益提升的基本公共需求和期望产生某种程度上的脱节。

(3) 制度障碍

需求识别的制度障碍主要表现在两个方面。一是公众需求的信息获取存在障碍。在政府自上而下地测量公众需求时,必须回应和处理调研的技术因素和制度程序因素之间的复杂关系。前者包括严谨的专业要求、高昂的调研成本、较长的调查周期等因素;后者则表现为政府时间约束、责任约束、财政约束、行政程序约束等一系列因素。二是公众自下而上地反馈需求也存在制度障碍。由于参与渠道受限,公众真实需求难以反馈,对政府改进和调整政策起到的作用有限,从而容易使公共需求预测和公众真实意愿、真实评价之间产生偏离。

(4) 内容单一

需求识别的类型单一,主要体现在原有基本公共服务供给难以对不同群体的差异化需求进行有效区分和识别。公众需求根据层次的差异，在微观上以个体的主观满意度为形式呈现；中观上为群体的共同需求，并呈现组内强同质性和组间强异质性的特征；宏观上则表现为公共利益。由于技术、制度、观念等多方面因素，目前基本公共需求识别对个体和群体的差异性需求识别不足，而且主要集中在宏观层面，基于区域整体发展指标数据，对区域间、群体间差异化的公共需求识别不够精准。

三、人工智能助力公共需求精准预测

差异化的公共需求精准预测可以从两个角度展开，一个是对不同人群的差异化预测，另一个是对不同领域的差异化预测。这两个方向都可以借助人工智能技术进行需求的精准预测。

如前文所述，目前，公共需求预测面对的障碍主要是公共需求识别方面的问题。而人工智能技术的应用，将可以很好地解决这些需求识别的问题。

需求识别的理念缺失和制度障碍，在应用人工智能技术后将不复存在，因为利用人工智能进行需求识别，不需要政府部门大量人力物力的投入，只需要抓取足够的数据就可以进行分析。而通过电子政务多年的发展，民众反馈难的问题已经不复存在，微信、微博、市长信箱等渠道都可以接收民众的反馈信息。曾经的技术制约——数据的获取和分析，正是人工智能最擅长的部分，线上渠道的数据都是可以利用的信息资源，我们可以抓取基层业务办理数据、民众反馈渠道数据（如市长信箱、12345热线等），然后对这些数据进行聚类分析，人群可以有很多种不同的划分方式，不同的划分方式可以训练不同的聚类模型，从而识别出不同人群的差异化需求。

将识别出来的需求作为样本，对计算机进行训练，进行需求预测，根据识别出来的不同人群的不同需求，分别建立模型，可以得到更加精准的差异化公共需求预测结果。

如果把公共需求理解为公众需求，然后在识别公众需求群体差异性的基础上，政府可以进一步识别公众个体差异化需求，然后进行预测，进而主动提供服务。因为政府掌握着大量民众个人信息，如果能够充分利用，是可以做到个体差异化预测的。

例如，深圳市宝安区有一条政策"年满60～64周岁且为宝安户籍的女性可申请办理深圳市敬老优待证……"，宝安区的老年人的手机上经常会收到一条发自"宝安区政务服务局"的短信息，这正是宝安区政务服务平台将大量的用户数据挖掘梳理，以提前分析预判企业、市民的办事需求，从而有针对性地进行信息推送服务，实现公共服务信息的"私人订制"。

不同领域的需求预测与不同人群的需求预测略有不同，因为不同人群的划分角度很多，很难确定一个唯一的人群类型划分标准，但领域的类型基本上是可以客观确定的。那么，我们可以从另一个角度来使用人工智能技术进行不同领域的需求预测，可以在该领域内针对性地采集需求数据进行分析，比从基层采集整体性数据更加高效和精准。

目前，人工智能在公共需求精准预测方面的应用尚处于研究探索阶段，政府部门暂未真正投入使用，但对不同领域的公共需求预测，已经有很多政府部门在与高校学者进行合作研究，并取得了不少研究成果。目前，在这个部分较为热门的研究领域包括医疗需求预测、教育需求预测、交通需求预测、用电需求预测、物流需求预测、旅游需求预测、应急物资需求预测等。但目前的研究基本都是单一方向、小规模的需求预测，与社会公共需求预测还有一定距离。

陕西省人民医院与陕西科技大学电气与信息工程学院合作，对海量医护数据进行分析和统计，利用近邻域思想提取数据特征及训练样本集，结合人工智能领域的支持向量机（SVM）算法，建立医护资源调配的数学模型，依赖新的数学模型，医护管理人员可以对未来可能发生的医护资源需求进行预测以优化资源调配方案。根据建立的数学模型，对陕西省人民医院5个科室的历史数据进行分析建模，得到预测结果。结果预测结果表明，基于数据驱动的新型医护资源调配模型在历史数据驱动下能有效预测未来的医疗护理资源需求，5个科室中预测准确率为92%～94%，平均预测准确率达93%（图5.2）。这只是一家医院的小规模预测，如果推广到全国的医疗需求预测，整合全国的医疗信息数据，进行建模分析，就可以得出医疗方面的公共需求预测结果，并且整合全国的医疗数据进行建模，可能会进一步提高预测模型的精准度。

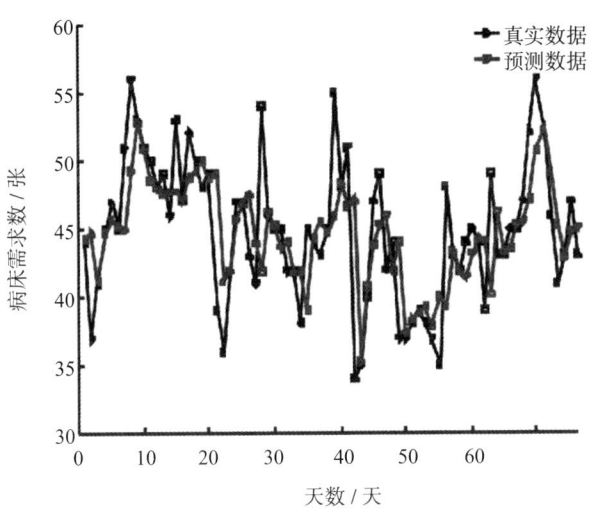

图 5.2　病床预测需求量与实际需求量对比

来源：袁丽洁，李敏，雷涛．基于支持向量机的医护资源需求预测[J]．护理学杂志，2018，33(15)：60-63．

利用海量的离线 GPS 数据进行出租车需求预测是智能城市与智能交通系统的重要组成部分。长安大学信息工程学院的研究者提出了一种基于深度学习的出租车需求预测方法，将出租车 GPS 数据和天气数据等转化为栅格数据，输入模型获得预测结果。该模型先使用卷积神经网络提取城市范围交通流量的空间特征，然后引入残差单元加深网络层数，并利用长短期记忆网络提取 GPS 数据的临近性、周期性和趋势性，最后通过权重融合以上3个分量，并与外部因素（天气、节假日和空气质量指数）进一步融合，从而预测城市特定区域的出租车需求。

采用西安市出租车GPS数据进行实验验证，结果表明，该模型与传统预测模型相比具有更高的预测精度。这个模型同样可以推广应用于大规模的交通需求预测，除此之外，还有很多其他的交通预测模型可供选择。

物流需求预测在制定发展规模、资源整合、政策法规拟定中起着至关重要的作用。上海电机学院商学院的研究者为提高预测性能，提出一种基于复合核模的预测模型。利用全局核函数与局部核函数分别训练参训样本，根据训练结果动态提取复合核模底层函数，将底层核函数进行非线性组合；利用该复合核模对训练样本进行在线解析，并对测试样本进行预测检验。利用我国运输物流统计数据进行案例分析，实验结果表明，基于复合核模的预测模型能从数据源头增强样本的解析性能与非线性学习能力，并能提高预测模型的预测精度，增强泛化性能。

通过上述研究案例可以看出，人工智能想要大规模精准预测各方面的社会公共需求，其基础还是政府信息资源整合，如果能将政府拥有的海量信息资源整合起来合理利用，以现在已经存在的人工智能技术，对这些信息资源进行建模分析，得到精确度较高的公共需求预测结果并不困难。

国家也意识到了数据资源的重要性，国务院于2015年印发的《促进大数据发展行动纲要》中提出要建设公共服务大数据，建设工程主要包括以下四类大数据。

①医疗健康服务大数据。构建电子健康档案、电子病历数据库，建设覆盖公共卫生、医疗服务、医疗保障、药品供应、计划生育和综合管理业务的医疗健康管理和服务大数据应用体系。

②社会保障服务大数据。建设由城市延伸到农村的统一社会救助、社会福利、社会保障大数据平台，加强与相关部门的数据对接和信息共享，支撑大数据在劳动用工和社保基金监管、医疗保险对医疗服务行为监控、劳动保障监察、内控稽核，以及人力资源社会保障相关政策制定和执行效果跟踪评价等方面的应用。

③教育文化大数据。完善教育管理公共服务平台，推动教育基础数据的伴随式收集和全国互通共享。建立各阶段适龄入学人口基础数据库、学生基础数据库和终身电子学籍档案，实现学生学籍档案在不同教育阶段的纵向贯通。

④交通旅游服务大数据。探索开展交通、公安、气象、安监、地震、测绘等跨部门、跨地域数据融合和协同创新。建立综合交通服务大数据平台，共同利用大数据提升协同管理和公共服务能力，积极吸引社会优质资源，利用交通大数据开展出行信息服务、交通诱导等增值服务。

如果这些大数据平台能够顺利建成，那么公共需求精准预测的实现也将不再遥远。不过这4个大数据平台并未涵盖所有的社会数据，除了这4个领域外，还有很多领域同样存在着大量有价值的数据，只要能充分挖掘、整合和利用政府的数据资源，无论是群体性大范围的公共需求预测，还是个体精准化的需求预测，都可以得到实现。

第二节　智能政务助力政府与公众交流互动

政府与公众交流互动是政务服务非常重要的环节，所谓交流互动应该是双方面的，不仅包括政府为公众提供资讯及服务，还包括公众对政务服务进行反馈。目前，人工智能在帮助政府为公众提供资讯及服务方面已经有较为广泛的应用，但是在公众对政务服务反馈方面的应用还较为欠缺。

政民互动是目前政务服务中应用人工智能较为广泛的领域，很多人在平时办事的过程中与人工智能有过交流。目前，人工智能在政府与公众交流互动中的应用主要有3个渠道，一是线上智能问答，二是电话机器人，三是线下智能服务机器人。人工智能在政民互动领域的应用已经比较广泛，很多城市都引进了人工智能技术帮助政府业务部门提供更高效的政务服务。人工智能应用于政民互动的主要技术核心是自然语言处理技术，除此之外还会应用到人脸识别技术、语音技术等。

目前,我国已有很多省市的线上政务服务平台提供了智能问答服务,大量政务服务热线使用电话机器人,同时也有很多线下政务服务中心开始使用智能服务机器人为民众提供服务。

一、线上智能问答

线上智能问答已经在各级政务服务渠道中基本普及,包括政府网站、微信公众号、政务服务 APP 等都提供智能问答功能,这里以广州市人民政府网站为例。广州市人民政府门户网站引入"智能问答"功能,通过网站电脑版、手机版和微信版同步上线推广,其中"广州政府网"微信公众号实现了网站内容与微信及语音技术结合,实现智能化对话服务。当市民通过语音进行信息搜索时,"智能问答"功能可以准确理解公众自然语言提问的语义,定位到政策法规、办事事项和互动交流等知识点,自动同步答复网站内容范围内的问题,同时也支持自动推荐其他用户查询过的相似的问题及答案,为用户提供问题参考,方便用户使用(图 5.3)。

图 5.3　广州市人民政府智能问答平台

二、智能化政务热线

政务热线作为民众求助最便捷、沟通最充分、诉求最有效的"普惠之线",是否能保证随时接通,是否能高效解决难题,直接关系到市民的获得感、幸福感和安全感。

各地政务热线办也在积极进行现代通信技术、大数据技术、人工智能技术在政务热线场景上的应用探索,打破传统的人工方式,采用人机结合、机器赋能的新兴模式,实现政务服务水平的智能化转型。

《政务热线发展研究报告(2018)》中发现,28个大中城市中有超过一半的政务热线部门在自动派单、语音回访、智能质检、工单录入、智能搜索等方面实现了初步应用,提高数字治理和智能运营能力。

南京市12345政务热线打造了"两大智库",走在了热线智能化创新的前列。热线话务员配备了智能座席助手,机器在和市民通话时自动推送知识点,将话务人员打造成真正有温度、传递温暖的"智库"。

与此同时,另一个"智库"也在逐渐扩大、成形。政府热线串联起了城市中市民、组织和其他基础设施和系统网络。一方面,为市民和组织提供社会、生活方方面面的咨询、投诉服务,协调城市更高效、更流畅地运行;另一方面,汇集了人民的声音,通话录音能够释放巨大的数据潜能,及时预测问题并补充"智库",打造一个"民有所呼,我有所应;民还未知,我已有备"的"城市智库"。

另外,南京市的12345热线还提供"一号答"服务,其服务范围是:提供行政权力事项和公共服务事项的咨询和协同办理;解答"不见面审批事项和服务事项"的办事流程、所需材料及其他相关事项;接受企业、群众对"不见面审批(服务)事项"的建言评价。

在建立行政审批及政务服务专项知识库方面,市政务办将把市、区、镇(街)各部门审批和政务服务事项及办事指南对接至"一号答"知识库中,向个人及法人提供办事指南、办理流程、公告等各类咨询,如有关事项办理时间、办理地点、办理时限、所需申报材料、是否收费等内容，能极大地提升企业和公众办理行政审批事项和政务服务事项的体验感和便捷度。

对部分无法通过知识库答复的事项，市政务办将建立扁平化工作机制，构建话务员与市、区政务服务窗口的快速连线，实现在线实时答复；对于无法在线解答的事项，将通过联系相关窗口首席代表的方式，为诉求人回电解答、限时处理。

三、线下智能机器人

智能引导机器人已经出现在很多线下政务服务中心，这里以南京市栖霞区的机器人"小栖"为例。

2017年1月10日，在栖霞区政务服务中心，一款名为"小栖"的机器人正在给前来办事的居民们提供服务，它能与人语音交流、识别人脸、引导人们至服务窗口。

居民张女士来到栖霞区政务服务中心，她准备补办身份证，迎面就看到了恭候在大厅里的"小栖"。机器人有个圆圆的脑袋，一双银色的大眼睛，肚子上"挺"着一块大屏幕，来人点击屏幕，就可了解自己想办的事项，脚下是双轮轴，在服务大厅里行走一点也不费事。第一次与机器人"互动"，张女士笑说不知如何是好。工作人员说："您直接说话就行，'小栖'听得懂。"张女士便说："我要办个身份证。"语音刚落，"小栖"便有了回复："您可以到当地公安分局办理，请带好户口簿，如果外地户口的话，请点击'业务办理'查看详情。"说完，"小栖"肚子上的屏幕就显示出了"业务办理"的详情，供张女士进一步了解情况。

旁边有人接着问："税务登记证怎么办啊？""小栖"回答："您好，请携带办税补充信息登记表，补充涉税信息、法人、经办人身份证复印件、营业执照复印件等至窗口办理。"有人点击屏幕上的"国税分局"服务窗口，"小栖"便滚动脚下轮轴，将人领至中心服务窗口前。"小栖"闲下来的时候，还能陪小朋友玩，给小朋友唱歌、拍照，朗诵唐诗宋词等。

据了解，"小栖"是全市首款政务服务机器人，由南京邮电大学信息产业技术研究院研制，为栖霞区政务服务中心定制。它还具有人脸识别核心算法技术，能认出第二次来办业务的人，记录下对方办事的需求；雷达超声波自主避障技术，能在大厅里自由行走而不碰到人；全身安装有5个高清摄像头，用于拍照、记录视频；主要材质是PVC阻燃材料……技术人员说，开模研制的第一批5款机器人，有的应用在了省外银行，有的在省外博物馆，都是根据客户需求量身定做的。"小栖"定位是政务服务类，市场售价在50多万元，重100千克，充满电可连续使用8小时。

政务服务中心相关负责人介绍说："小栖"去年年底刚刚来到政务服务中心工作，入职不到半个月。目前内置了25个部门（局）的政务服务事项，今后还将"继续深造学习"，把服务范围拓展得更宽。

但是，目前的智能服务机器人还有很大的进步空间，还存在较多问题，一些较为复杂或口语化的问题可能无法给出合适的回应，机器人设计也比较简单，功能较为单一。相信随着技术的进步，系统的智能程度将会进一步提升，为民众提供更加个性化的服务。

目前，人工智能在政民互动中的应用主要集中在政府为民众提供服务上，这也是需求最大且效果最为直观的领域，但是民众对政务服务的反馈大多还处于人工处理阶段，这个领域其实也可以应用人工智能提高处理效率。例如，现在最为常用的问题反馈渠道是市长信箱和12345热线，市长信箱的反馈内容非常杂乱，有些问题很简单，但有些确实需要政府介入，那么，可以用人工智能先做一个研判，一些比较简单的问题可以直接人工智能代替回复，而一些比较复杂或严重的问题，需要人工介入的可以再传达给政府工作人员处理。12345热线也类似，可以利用语音识别，同样对民众提出的问题加以分类，有些可以自动回答，有些可转接人工。这部分的民众反馈信息对政府来说也是非常珍贵的信息资源，就像前文提到南京市的12345政务热线正在打造的"两大智库"，它通过收集并分析通话录音，使录音能释放巨大的数据潜能，及时预测问题并补充"智库"，对政府服务和决策有很大帮助。

通过上述实例可以看出，人工智能已经在政府与公众交流互动中起到了很大的作用，并且，各级政府也在积极尝试将新技术融入政务服务之中，为民众提供更加高效的服务。

现在线上服务渠道已经可以通过人工智能做出一些智能推荐，那么，我们不妨做一些展望。线上线下服务融合，也是国家推动智能政务的目标之一，现在线上可以搜集到大量用户信息进行智能推荐，而线下可以人脸识别，那么如果线上线下数据联通，线下通过人脸识别进行身份匹配，从而可以预测这个用户可能需要的服务，直接在显示屏上推送。这并不难实现，只要做到线上线下数据互通就能提供更加人性化的服务。

现在政民互动中的人工智能应用，目标不仅是提高互动效率，还有利用人工智能技术，在保证服务效率的基础上，提供更加人性化、个性化的服务，这也对人工智能技术提出更高的要求。

第三节　智能政务助力政府服务效率提升

国家实施的很多举措的目的都是提高政府的服务效率及服务质量，包括前文提到的信息资源整合、公共需求预测、政民互动等，其实，发展智能政务本身的目的之一也是要提升政府的服务效率。

对于民众来说，政府服务效率提升最直观的就是办事变快了、变方便了。那么，对于政府部门来说，政府的服务效率提升首先是建立在政府内部工作效率提升的基础上的，内部工作效率提升起来才能为民众提供更高效的服务，缩短办事时间；其次是简化民众的办事流程，让民众切实感受到办事变得更方便、更快捷了。

要让民众感受到办事效率提高了，除了简化办事流程外，更主要的是政府内部的办事效率能够明显提升，政府内部工作效率的提升其实主要是受国家政策影响，政策规定可以简化审批流程，那么政府的审批工作就会大幅加快。但是，人工智能也会为提高工作效率出一份力，原本一些必须由人工承担的部分工作可由人工智能技术代劳，如用图像识别技术进行信息采集，节省了大量人力和时间。还有就是各部门间的数据交换、信息互通，使各部门可以跨平台采集数据，节省了各部门间的交流时间和成本，不同部门可以远程交流合作，使办理效率大幅提升。

从国家开始推动电子政务，到后来的智慧政务，再到现在的智能政务，政府服务效率的提升应该是非常明显的。我们的很多事务办理程序简化，办理时间缩短，这些效率的提升已经融入了人们的生活之中。

上一节提到的政民互动就通过应用人工智能大幅提高了服务效率。之前只有人工客服时，很多人的问题得不到及时回答，或者根本无法传达到政府部门，但有了人工智能后，很多简单的办事问题都可以直接由人工智能代替人工即时解答。

人工智能助力政府服务效率提升的例子数不胜数。例如，几乎每个人应该都经历过坐火车进站的时候，之前人工窗口查验身份证，耗费大量人力，且速度较慢，人流量大时队伍很长，且容易有人浑水摸鱼。现在直接采用人脸识别，节省了大量人力，提高了进站效率，很少再出现大排长龙的场景，也让一些不法分子没有可乘之机（图5.4）。同理，出入境也是如此，不过除了人脸识别还加入了指纹识别提高精确度。人工智能提升了基层服务效率，从而让我们的出行效率更高。

我们去政务服务中心办事的时候应该也会发现，很多事情不需要到人工窗口办理，直接在机器上操作就可以了，有些甚至不需要到政务服务中心，只需要在网上操作，上传所需材料就能完成办理。这里面或多或少都有人工智能出的一份力。目前，国家提出的服务理念是"最多跑一次"，就是简化办事流程，让民众在材料齐全的情况下，最多到服务窗口跑一次，就能够办完事。各地政

图 5.4　火车站人脸识别自助验证闸机

务服务部门也在积极响应这一要求,有的地方甚至一次都不用跑,即可以不见面审批,也可以称作无纸化服务,目前无纸化服务已经在很多地方推行了,下面以广州市为例详细介绍一下无纸化政务服务。

广州网上登记工作起步于 2008 年 10 月,在全国率先推出"网上预审—邮递送件—书式审查—执照寄送"4 步网上登记模式,实现了企业申办执照由"面对面"到"键对键"转变。其中,外资业务的网上登记量甚至占受理总量的 60%,取得了较好的成效,为开展无纸全程电子化登记工作打下了坚实基础。

"网上申请、双向快递"的网上登记方式虽然在一定程度上解决了窗口注册登记服务容量小、时空限制多的问题,但同时也存在"重复审查"和"邮寄耗时"的不足,在一定程度上降低了审批效率、延长了发照时间,制约了网上登记优势的充分发挥。2014 年 1 月,广州市全面推行商事登记制度改革以来,全市工商注册登记业务量呈现"井喷式"增长。以 2016 年为例,全年业务量 91.8 万件,是改革前 2013 年的 3 倍多,日最高业务量甚至达到 4000 件。业务量的激增,给工商注册审批带来了巨大压力,特别是中心城区审批人员严重不足,尽管已是全员加班,但仍然出现窗口排长龙、预约时间长、审批预期差等情况。

严峻的形势迫使广州市工商局必须加快推进无纸全程电子化登记,以技术创新和流程再造为突破口,最大限度地解决"审批瓶颈"问题。2017年年初,广州市工商局在调研了北京、杭州、深圳、东莞等地的无纸全程电子化登记先行试点地区后,提出了"通过标准化达到程序化,通过数据互联达到智能高效"的总体工作思路,制定工作方案并实施系统开发建设,确定"2017年10月底前完成全程电子化商事登记系统的开发,12月全市正式推行全程电子化商事登记"的工作目标。同时,还起草制定了《全程电子化商事登记实施办法》和《广州市全程电子化商事登记内部操作规范》,为智能全电登记工作的顺利推行提供了制度保障。

智能全电登记是无纸全程电子化登记的升级版,以大数据和新一代信息技术为支撑,推行"人工智能+机器人"申报、签名、审核、发照、公示、归档全流程电子化,实现了商事登记免预约、零见面、全天候、无纸化、高效率办理。申请人可以通过电脑PC端、手机APP移动终端及设置在各政务大厅、银行"银商通"网点的智能申报机、智能发照机等渠道办理全程电子化商事登记业务,就近自助领取纸质营业执照,真正实现"群众免跑路,数据高速路"(图5.5)。

无纸化服务已经在全国各省市逐渐推广开来,而信息资源的共享,使政务服务不再各自为政,让"民众少跑路"不再局限于县市以内,现在已经出现很多不同城市"一网通办"的服务。以长三角为例,浙江、上海、江苏和安徽地区的民众,可以跨省异地办理业务,只需要5个步骤:①选择办理区域和事项;②本地用户登录,统一网上申报;③异地网上预审;④预审通过后,在线或本地专窗提交材料;⑤办理完成,本地领证。这些省市通过互通数据,共享居民身份证、营业执照、出生证明等电子证照,从而做到一网通办,帮异地居民节省了大量办事时间及成本(图5.6)。

图 5.5　广州市全程电子化商事登记系统

图 5.6　"长三角"一网通办页面

国家现在大力推动全国线上政务服务一体化，国务院于 2018 年发布《加快推进全国一体化在线政务服务平台建设的指导意见》，其中 2022 年的最终目标是以国家政务服务平台为总枢纽的全国一体化在线政务服务平台更加完善，全国范围内政务服务事项基本做到标准统一、整体联动、业务协同，除法律法规另有规定或涉及国家秘密等外，政务服务事项全部纳入平台办理，全面实现"一网通办"。如果指导意见的目标能够达成，将来政务服务将会达成全国范围的一网通办，不再有地域的限制，进一步简化民众的办事过程；而数据的完全互通，也将进一步提高各部门的服务效率。

除了综合性政务服务以外，政府各部门也积极应用互联网＋人工智能，提高服务效率，改善服务品质。例如，浙江省司法部门打造移动微法院，2017年10月，移动微法院在宁波余姚市法院试点，现已推广至全国。移动微法院依托微信小程序打造移动电子诉讼平台，整合了网上立案、案件查询、在线送达、在线调解、在线庭审、申请执行、网上缴费等20余项功能。截至2019年3月，浙江全省法院累计有15 801名法院工作人员（其中法官4073名）、105 530名当事人和24 672名律师在移动微法院实名注册。平台访问量已超过2855万人次，日均访问量超过15万人次，办理案件64万余件，占同期收案总数32.87%，送达41万件次，一审民商事案件平均审理用时减少1.64天，执行案件平均执行用时减少2.28天。

人工智能已然融入我们生活的方方面面，这里也只是很小一部分的应用实例，我国目前正处于高速发展的阶段，国家对于新技术的开发和应用非常重视，也在积极推动政务服务智能化转型，随着5G时代的到来，可能会有一波新的技术爆发，5G极快的传输速度，可以让各地服务联通，政府的服务效率会进一步提高，民众办事也会更加方便快捷。

参考文献

[1] 王玉龙，王佃利. 需求识别、数据治理与精准供给——基本公共服务供给侧改革之道[J]. 学术论坛，2018，41（2）：147-154.

[2] 袁丽洁，李敏，雷涛. 基于支持向量机的医护资源需求预测[J]. 护理学杂志，2018，33(15)：55-58.

[3] 段宗涛，张凯，杨云，等. 基于深度CNN-LSTM-ResNet组合模型的出租车需求预测[J].

交通运输系统工程与信息，2018，18（4）：215-223.

[4] 范思遐，吴斌. 基于复合核模的物流需求预测研究[J]. 工业工程与管理，2018，23（2）：40-44.

[5] 广州市应用管理处. 广州市人民政府门户网站"智能问答"功能上线[EB/OL].（2019-04-01）[2019-05-22]. http://www.gz.gov.cn/gzgov/s5863/201904/0b490900d4864c21a184689c1b6bc933.shtml.

[6] AI语音新技术. 看12345政务热线，连接"城市智库"，开启智慧政务[EB/OL].（2019-04-29）[2019-05-22］. https://baijiahao.baidu.com/s?id=1632144976480555662&wfr=spider&for=pc.

[7] 南京首款"政务服务机器人"上岗能与人语音交流[J]. 计算机与网络，2017，43（增刊1）：13.

[8] 陈军梅，童健华. 从"网上登记"到"人工智能＋机器人"——广州市全程电子化商事登记的探索与实践[J]. 中国市场监管研究，2018（5）：33-36，49.

[9] 浙江高院. 今天，"她"已成长为"中国移动微法院"[EB/OL].（2019-03-22）[2019-05-22]. https://mp.weixin.qq.com/s/ZqvKser2GZ7Fqy1pqDaB3w.

[10] 国务院. 国务院关于印发促进大数据发展行动纲要的通知[Z].2015-09-05.

第六章

智能政务助力社会治理

除了在政府管理与政务服务中的应用,智能政务在社会治理中也发挥了重要的作用。当前,以开放、跨界、协同为主要特征的新一代人工智能技术引领着新一轮信息革命蓄势待发,为社会治理注入了新动力,推动"人工智能+政务"治理新范式的构建。本章将从复杂社会问题研判、预防和化解社会矛盾及公共安全管理这3个具体场景来阐述人工智能在社会治理中已经发挥或可能发挥的作用,从而提升社会治理工作的动态性、精细化、智能化水平。

第一节 智能政务助力复杂社会问题研判

一、复杂多样的社会问题

政府在管理社会事务的过程中,常常面临研判各种各样的社会问题的情况。这些问题有些较为简单,有些则较为复杂。那么,哪些问题是复杂社会问题呢?例如,环境污染问题、与大河流共生的洪水问题、地铁修建问题、交通堵塞问题,甚至一些广泛存在于社会上的问题,如食品安全问题、失业问题、医疗保障问题,都可以称为复杂社会问题。

通常来说,复杂社会问题具有以下3个主要特征。

①存在多参与方、网络化的情况：没有一个参与方能够单独解决这个问题；面对相同的情境，不同的参与者有着不同的理解和不同的利益诉求；虽然解决问题需要参与者之间的合作，但是合作通常需要人为安排。

②具有复杂性和非结构化的特征：对问题很难形成清晰的定义，也没有唯一的"正确"解决方案。问题的复杂性可能是由于缺乏数据、无广泛接受的理论、问题本身的多重不确定性、问题在不同尺度上表现出来的复杂联系，或者是上述因素的多重组合。

③通常涉及很强的工程要素：解决这些问题需要相关领域的专家，但仅仅依靠该领域的专家是不够的，有些社会问题还需要将经济学、政策科学的知识结合起来。

在了解了复杂社会问题的特征之后，我们可以感受到研判抑或是解决复杂社会问题并不容易。中国现在正处于快速发展时期，各种复杂的社会矛盾和问题也很集中地体现出来，如就业问题、农民问题、城乡之间的劳动力分配问题、环境保护与污染问题……正确而高效地研判这些问题成为政府在社会治理中的重要一环。

二、人工智能助力问题研判

身处大数据时代，政府工作人员面对海量、繁杂的数据，需要耗费大量的时间、精力，复杂社会问题的研判也具有一定的难度，可能需要多方领域的专家共同配合才可以解决，如果能够通过技术力量对问题的性质进行预先判别，不但可以节省大量的人力，也可以提高政务的处理效率。

人工智能技术的发展为解决这一困境带来了新的机遇，我们可以设想构建一种基于专家系统的复杂社会问题研判系统，来辅助政府管理人员研究判别复杂社会问题。专家系统并不是一个新事物，早在20世纪80年代，人们就开始利用专业的开发工具，综合使用各种不同的知识表示方法和不同的推理机制策略来解决多学科交叉复杂问题。专家系统通过模拟人类专家进行问题求解时的步骤和推理方法,运用预先输入系统知识库的先验知识和经验原理对大规模复杂问题进行求解。

一般来说,专家系统由知识获取、知识库、推理机、解释器、综合数据库和人机交互界面6个部分组成,其基本结构如图6.1所示。

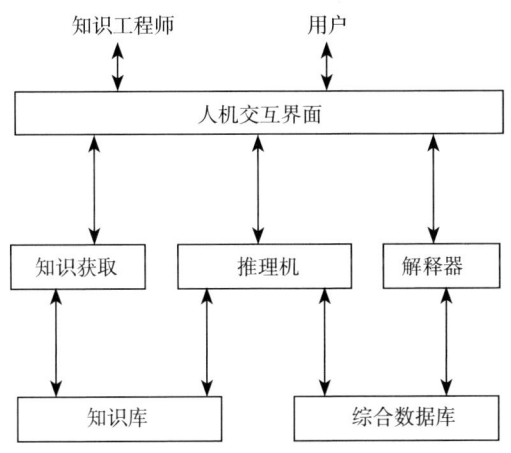

图6.1 专家系统基本结构

其中,知识库是专家系统的核心部分,存储着大量的专业领域知识。知识库中有一个知识获取模块,该模块通过某种方式获取人类专家的知识来解决特定领域的问题。推理机用于控制和协调整个系统,它利用知识库中存储的知识,根据知识库里的事实来模拟专家的推理过程,从而解决当前的问题。综合数据库用来存储该领域内初始数据和推理过程中得到的各种中间信息,即存储的已知事实、用户回答的事实和推理获得的事实。解释器负责给推理提供必要的解释,回答用户提出的各种问题,为系统的维护提供方便。人机交互界面是使用者和专家系统的连接处,具备传递咨询请求和返回咨询结果的功能。此外,在推理的过程中,这一模块还提供了专家系统和用户之间的信息传递媒介,使得系统可以向用户询问一些附加信息,并从用户那里得到回答。

在构建基于知识的专家系统时,最合适的是采用基于规则推理的专家系统,规则具有自然语言表达特性，拥有统一结构且具备自释性，知识的表示与处理相分离，能够表示不确定性知识，进行不确定性推理。这种类型的专家系统通过将各领域的专家知识和经验表示为产生式规则，然后依据规则进行分析推理及信息融合，得到最终的研判结论。

我们设想的社会复杂问题智能研判系统，正是基于上述依据规则的专家系统。将领域内的专家经验知识集合于系统中，通过对已有信息和以往的判别经验，对现有的突发状况或复杂问题进行分析研判，为工作人员进行应急处理或提供技术支持，提出比较有代表性的参考意见，并可以利用过去的数据和人工导入的判别预测方法对一定时间内的未来事件进行预测（图6.2）。

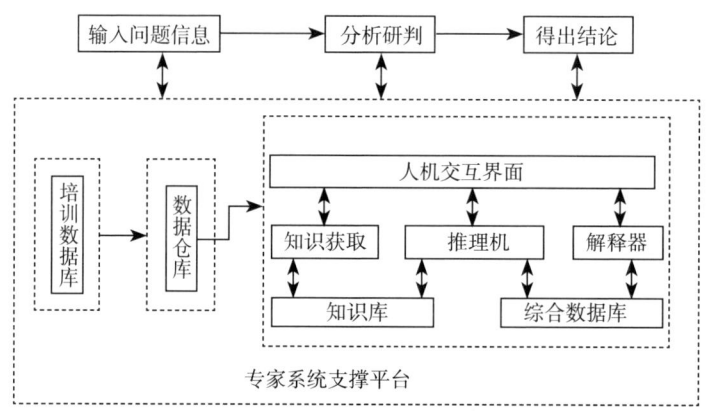

图 6.2　设想智能研判系统架构

作为一种基于专家系统的研判系统，首先需要相关的专家规则和相关证据作为输入数据，按照一定的规则，研判系统才能对相关案例的数据进行处理，利用大量的已有资源推测和检索出有用信息。巧妇难为无米之炊，这些数据的获取是专家系统进行下一步推理和分析处理的基础和依据，没有这些数据就无法实现进一步的研判。这些数据的获取方法可以分为外部获取和内部获取两种方式。前者是将知识工程师和各领域专家沟通协商后制定出的专家规则和已有的案例分析资料通过人工录入或机器识别的方式创建研判系统知识库，抑或者是通过传感器、互联网等媒介自动采集或爬取与各种社会复杂问题相关的数据、案例等。后者是系统在运行过程中通过对原有知识进行一系列的推理、分析、挖掘后，产生的一些中间结果和中间数据，这也成为研判系统数据的来源之一。有些政府部门的信息系统中或许已经存储了部分关于社会复杂问题的基础数据，但是现在系统相对独立，各部门缺乏共享与沟通，数据并未形成高效融合。为了高效、精准地为政务提供研判助力，需要将现有的涉及社会复杂问题的系统进行有机融合，建立整合社会复杂问题信息库。该数据库还应该支持全国互通、分级检索，以实现社会复杂问题数据的分级整合、汇聚和共享。

　　在数据的获取过程中，由于数据类型的复杂化，需要将数据进行融合处理，就需要用到信息融合技术。信息融合技术不但可以处理数据，也可以处理各种感知信息或传感器信息。广义上讲，信息融合无处不在，我们人类时时刻刻都在进行信息融合来理解客观世界。运用眼睛、耳朵、鼻子或者皮肤、舌头等感觉器官对外界进行看、听、闻、触摸、品尝，得到全方位的感知，以便从不同方面得到外界的互补和集成的信息，再通过大脑根据一定的规则来组合和处理这些信息，从而得到最终对外界事物的理解和认识。从感知到认知的过程就是信息融合的过程。信息融合是指在计算机内统一输入来自多个传感器的信息或信息源，并依据某种处理规则，如按照预先设定的算法或优化标准，对这些数据和信息进行分析和处理，获得问题的合理解决方案或判断信息。

　　社会复杂问题会涉及社会的不同领域，有可能是自然问题，也有可能是社会民生问题，因此，在构建智能研判系统时，应该注意将不同的问题按照主题领域区分开来。将知识库的信息运用深度学习、神经网络等技术，通过分析处理其特征、模型、比例等关键信息，形成方便计算机分析处理的数据，通过科学的数学建模，分析梳理各类复杂问题的数据，深度挖掘其中的高价值。根据从专家系统及业务指导中总结出的问题类型特征，将获取的信息按照一定的需求分类管理，可以方便工作人员在海量数据中快速定位到需要的数据。

三、智能研判系统的社会实践

目前,虽然社会上关于复杂社会问题的智能研判系统尚未出世,但是我们已经可以看到一些类似的智能研判系统已经在政府工作中发挥出很大的作用。

2018年,浙江省温州市检察院开始试运行公益诉讼线索智能研判预警系统,极大地提升了公益诉讼办案质效。在过去,司法检查部门执行工作时需要耗费大量时间分析整理海量的电子卷宗及市民热线记录等非结构化的数据,有用线索的发现仅依靠人工逐一审查。诉讼线索智能研判系统通过计算机运算进行大数据筛选,可以实现信息的自动抓取、智能研判、快速识别和线索管理,将有效线索呈现在检察官眼前,改变过去检察官需要在千丝万缕的线索中焦头烂额地识别出有价值线索的困境。除能够研判有效线索外,这个研判平台还可以将线索的分布区域、分布数量进行可视化,清晰地为检察官展现线索的分布情况。通过提取线索的特征,诉讼线索智能研判系统还可以按照违法事实分类、行政机关分类进行线索的检索,通过平台的初步筛选,市院再将预警件分流至基层院受理,大大节省了检察官的研判时间。据有关媒体报道,系统运行以来(截至2018年8月),已覆盖民生热线投诉信息159 925条,行政处罚信息92 913条,已筛选出有效线索56 156条,发出紧急预警3703条,系统登录使用仅一周,全市各基层院已依法受理精准线索48条(图6.3)。

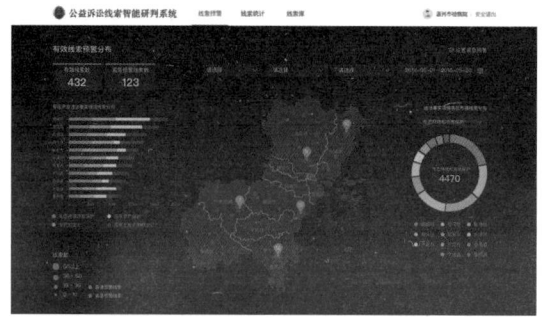

图6.3 公益诉讼线索智能研判系统可视化平台

那么，该智能研判系统是怎么开展工作的呢？如图6.4所示，通过将执法信息库、案件的文本信息及市民热线电话的数据整合在一起，应用人工智能技术来实现诉讼的综合管理、涉案对象分析、案情的预警和分析，以及执法主体的监管等应用场景。

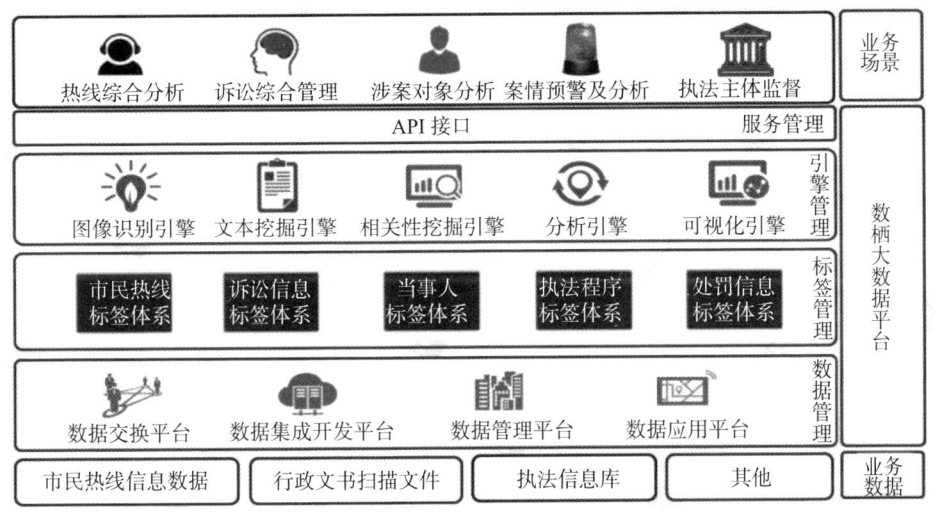

图6.4　公益诉讼线索智能研判系统架构

这个系统的具体应用场景之一是对热线数据的综合分析。这一场景可以实现以下几个目标：第一，可以对诉讼线索进行分类，如生态环境、食品安全、国有资产流失等。第二，通过建立的投诉人关联模型、被投诉企业或者部门的分析模型及被投诉个人的分析模型，展示投诉人、被投诉对象之间的关联图谱，使工作人员可以直观地看到哪些被投诉的对象同时被多方投诉，哪些投诉人明显投诉异常过多，实现案件的关联管理。第三，基于热线记录的数据，利用智能文本识别技术和语义分析技术，将所有投诉的回复进行定量分析，找到已回复的、未回复的、回复后依然投诉的，直观地看到哪些投诉需要重点关注。第四，在这一应用场景中还可以实现画像分析，基于文本识别后的结果化数据，对投诉人、被投诉对象进行画像分析，直接为检察部门构建直观的画像。

此外，除了能够实现热线数据的综合分析，公益诉讼智能研判系统还可以实现诉讼的综合管理、涉案对象分析、案情的预警和分析，以及执法主体的监管等功能，这里不一一赘述了。

除了应用在检察部门的智能研判系统，针对公安部门警情的复杂性，许多公司也推出了自己的产品帮助公安工作人员研判警情。例如，智慧公安情报研判分析系统将基础信息采集、情报信息研判、数据查询融为一体，从底层数据采集到高端研判应用自上而下贯穿整个公安局情报信息化业务，实现了情报信息即时研判，进一步实现了情报主导警务。首先，系统能够通过在公安部门建立健全的情报信息收集、研判机制，形成全警采集、全警录入、专人管理的情报工作格局，从而最大限度地扩充情报信息资源。其次，实行分层分级研判，通过对情报信息进行的分析来评估和预测形势，这打破了传统警务模式基础上的警务理念和机制，从而提高公安警局精确打击、精确防控、积极服务的能力。在研判案情方面，通过对各类情报数据的碰撞比对、频率分析、数据挖掘及多维分析，实现各类要素之间的深度关联，提升情报研判的准确性。另外，在情报检索方面，系统提供了主题检索、多数据源检索等智能化的检索服务，方便公安人员快速检索。

第二节 智能政务助力预防和化解社会矛盾

一、预防与化解社会矛盾的重要意义

不同的社会阶级或阶层之间具有不同的利益关系或财产分配关系，这些关系产生的种种冲突和不和谐的现象构成了社会矛盾。党的十九大报告明确指出，现阶段我国的社会主要矛盾是"人民日益增长的美好生活需求和不平衡不充分的社会发展之间的矛盾"。矛盾的本源是社会发展不平衡、不协调和不可持续，

主要表现在教育、就业、住房、收入分配、医疗卫生、社会保障等人民生活的各个方面。

在社会主义市场经济条件下，由于利益的错综复杂及分化组合，社会矛盾的表现形式也呈现新的特点，如群体性增强，常常发生集体访、越级访、择机上访等；突发性增强，许多矛盾纠纷从发生到激化只有短短的时间，普通的矛盾纠纷可能瞬间转化为刑事案件。社会矛盾化解能力是国家治理体系和治理能力现代化的重要标志，关系到社会的和谐、发展和进步。因此，有效预防和化解社会矛盾对于社会的可持续发展异常重要。

目前，我国社会矛盾治理机制存在一些问题，如政府理念相对滞后、治理手段单一化、预警机制不够健全、矛盾化解机制不够系统化等。那么，人工智能又可以为预防与化解社会矛盾做些什么呢？

二、人工智能如何预防化解社会矛盾

1. 了解社会公众的需求，实现社会矛盾的源头治理

俗话说，"防患于未然"，相对于社会矛盾发生后需要耗费大量的人力、物力、财力进行治理，提前感知矛盾苗头，将社会矛盾从源头上杜绝变得更为重要。

了解并满足公众的需求是政府职能要求之一，也是社会治理的核心理念。从矛盾的根源来看，政府不了解社会公众真正的利益诉求，无法有效地提供公共服务和产品，由此引发的矛盾纠纷日益增多。因此，发现、维护和满足社会公众的需求是有效预防和化解社会矛盾的一条重要途径。

信息技术的发展使政府的服务能力进一步提升，电子政务的建设为社会群众提供了更多反映情况、提出意见、建议及需求的渠道。市长信箱、12345 热线电话，政务微博、政务微信等具有留言评论功能的渠道充斥着大量社会群众的需求，也间接反映出多种多样的社会矛盾。深度学习、自然语言处理、数据挖掘等技术的发展使得政府可以通过智能化的手段收集整合市长信箱、12345 热线等渠道中有关社会群众需求意见的各种半结构化和非结构化数据。对于类似

12345 热线电话的渠道，可以尝试安装一种软件，自动地将社会群众与政府工作人员的通话录音通过语音识别技术转化为文本信息，并存储在数据库中。并进一步将这些文本信息通过人工智能的模型算法提取出问题特征，按问题类别展示出来。事实上，对于互联网上市长信箱的数据，同样可以使用基于人工智能的程序。当群众在市长信箱留言，后台程序自动感知留言信息，通过爬虫程序实现实时爬取分析，提取出问题关键词，对于情节严重的问题或需求热点设置一些预警，及时反映给相关政府管理人员，因为这些热点很可能就会进一步演化成为社会矛盾（图 6.5）。

图 6.5　通过市长信箱咨询

2. 掌握社会舆情与民意，促进社会矛盾的动态治理

当前，越来越多的社会群众通过网络表达自身的利益诉求，以微博为代表的社会化媒介是社会舆情和民意的重要载体。当网络舆情不被重视，或者舆情所反映的民众利益诉求没有得到满足，就很容易引发群体性事件，进一步激化社会矛盾。通过一定的方法对网络舆情数据进行分析，可以掌握社会舆情的动向和民意情况，从中可以探寻社会矛盾发展演变的轨迹，在动态的过程中实现社会矛盾的治理。

政府舆情的监测由来已久，但由于网络舆情数据存在着海量、多维度等特点，隐含在网络舆情信息中的观点、态度及情绪的表达，很难从泛滥成灾的信息碎片中被真正挖掘出来。得益于数理算法和计算机科学的发展，人工智能时代的机器学习能力日益增强，这为网络舆情分析领域实现智能化、自动化与精准化创造了新的契机。

现阶段网络舆情分析的基本框架为：信息采集、热点发现、热点评估、热点跟踪和分析处理。在这些环节中，利用人工智能的相关技术可以把网络舆情中的关键信息挖掘出来。

在舆情数据的采集环节可以使用 Web 挖掘技术，这是一种基于人工智能的智能信息分析处理技术，通过舆情内容信息挖掘、结构信息挖掘和使用信息挖掘 3 个层次将互联网和数据挖掘结合起来，实现对网络舆情的信息监控和采集，为接下来舆情分析提供数据来源。

社交网络中充斥着大量非结构化、半结构化数据，因此，在数据预处理时，数据库需要为这些数据提供合适的存储标签，方便分类和调用。在数据特征分类上，以前可能完全需要人工标注，现在只需要在人工设计较细的分类之后，依赖于信息增益等算法，依赖半监督式机器学习的训练，建立合理的特征维度数量，并赋予合理的权重，以体现舆情信息的原貌。

利用语义识别技术可以对文本的结构和其中词的词义进行推断，通过对文本进行语法预处理、语义内容提取识别和语义生成这 3 个步骤，将人类常用的自然语言转化为计算机可以辨别的信息，实现复杂信息的简化，便于对热点词汇和敏感词汇进行聚类分析，从而实现对网络舆情的监管。

依靠已经完结的、足够多的舆论话题作为机器学习的对象，寻找它们概率上的特征，以实现对舆论热点的预测。凭借之前的这些经验，使用人工神经网络预测模型，对网络舆情的性质、发展趋势进行正确描述，将有可能产生重大影响的舆论在萌芽期识别出来，并设计舆情回应办法。虽然，机器预测舆论有可能不够精准，在一定范围内的预测建议中，还需要人的智慧进行分析判断，找出真正存在进一步发酵可能的舆论。这样的人工选择行为可以作为新的数据源成为机器进一步学习的训练集，以供下一次舆论预测参考。

三、人工智能助力矛盾化解的创新实践

目前,国内很多基层部门采用人工智能技术来助力矛盾的预防与化解,带来了丰富的建设经验。

1."广州智慧调解"小程序

人们在日常生活中遇到矛盾纠纷,通常要先到属地街道人民调解委员会申请并提交相关证据材料,经审核后才能被受理。对于矛盾的事件主体来说,这一过程可能耗时很长,在等待的过程中,矛盾纠纷可能会演变成更为复杂的矛盾。针对这一问题,2018 年 11 月,广州市司法局上线了"智慧调解"微信平台,发生矛盾纠纷时,广州市民不用到处奔波,只需用手机打开微信,搜索"广州智慧调解"小程序,简单地"刷一刷、点一点",就能足不出户地找到"人民调解"为其排忧解纷。

"广州智慧调解"将自然语言处理技术、人脸识别技术、机器学习等人工智能技术嵌入人民调解矛盾业务工作流程中,形成一个移动化、可视化融合的掌上纠纷化解平台。矛盾双方当事人不需要线下找调解部门,能够大大缩减调解流程、缩短调解时间、解决调解成本,更积极地化解社会矛盾。具体来说,"广州智慧调解程序"有几大方面值得借鉴(图 6.6)。

图 6.6 广州智慧调解平台

首先，申请人在登录系统时，"智慧调解"平台采用人脸识别技术并实时对接公安部人工库实时核实申请人的身份信息。一旦验证成功，用户再次使用该平台时，无须再次验证（图6.7）。在业务咨询、业务办理环节，"智慧调解"基于自然语言处理技术，为市民提供与智能机器人直接对话的功能。市民可以直接语音录入自己需要咨询的问题，智能法律机器人法宝宝将会给出相应的解答。"我是智能法律机器人法宝宝，您可以随时向我提问任何法律相关的问题"。

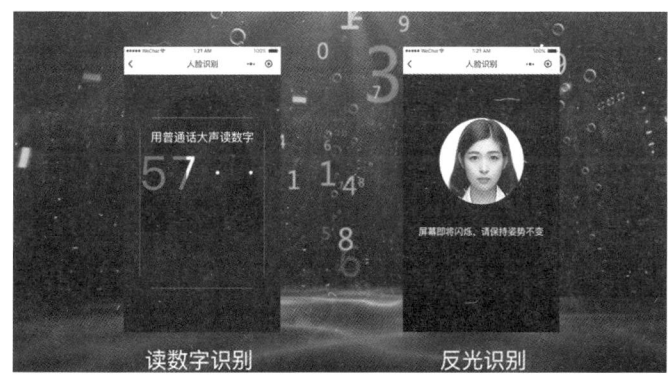

图 6.7　人脸识别验证身份

其次，为真正实现足不出户也可化解矛盾纠纷，"智慧调解"微信平台提供了在线视频调解服务，通过多方音视频技术，有需要的市民群众可以通过在线视频进行调解。"智慧调解"微信平台设置了智能辅助工具，开通了广州市各类人民调解组织在线地图查询入口，根据发布人纠纷发生地或发布地定位，市民可快速准确找到属地调委会帮助解决纠纷（图6.8）。

最后，"智慧调解"微信平台还引入智能评估功能，通过人工智能算法识别市民咨询的矛盾纠纷，为其提供评估意见，使市民能够权衡纠纷解决的法律风险、诉讼周期及成本，让市民更为理性地选择矛盾纠纷解决途径。与此同时，市民还可以通过相关政策、法律法规查询入口，对应查找纠纷责任判定依据。"智慧调解"微信平台还实现实时留痕功能，并同步纳入市人民调解系统填报平台，避免了市民和人民调解员重复录入纠纷相关信息。

图 6.8　在线视频调解

对于政府管理人员来说，依托"智慧调解"平台，可在线对人民调解工作实现全过程管理，对调解过程进行全程监督管控，通过对平台业务数据的统计分析，及时掌握矛盾纠纷发生的重点区域和关注焦点，把握辖区内矛盾纠纷动态及发展趋势。对于矛盾纠纷的重点区域进行预警并协调有关部门迅速处置，提升矛盾纠纷化解的可预见性。

2. 余杭区"社会治理·矛调在线"平台

作为新时代"枫桥经验"建设的余杭区基层治理综合指挥中心，在社会矛盾的预防化解方面拥有丰富的实践经验。浙江省余杭区位于信息经济、电子商务快速发展地区，面临着人员结构复杂、传统和新型矛盾纠纷增加等严峻形势，传统的社会矛盾治理体系亟须改革。余杭区政府在建设"城市大脑"的整体框架下，建设"社会治理·矛调在线"平台，利用互联网、人工智能和大数据分析等现代信息技术，实现了余杭区社会矛盾各类资源的"一网整合、一体协同、一站服务、一套预警"，为纠纷当事人提供全流程在线服务，实现"一次都不用跑"，构建了"用数据说话、用数据管理、用数据决策、用数据创新"的社会矛盾智能治理新模式（图6.9）。那么，余杭区是如何为社会群众带来智能的社会矛盾化解平台的呢？

图 6.9　"社会治理·矛调在线"平台展示

(1) 打通信息孤岛，实现一网合一

以往，省、市、区原有的社会矛盾预防和化解相关信息系统各自孤立，各系统之间存在着种种壁垒，从而阻碍了数据的流通和共享。余杭区建立的"社会治理·矛调在线"平台改变了这一现状，它打通了区"基层社会治理综合信息平台"、区"交通事故处理网上数据一体化系统"、区"网络交易纠纷在线调解平台"、企业多维度信息信用平台、信访工作信息平台、省仲裁调解系统、省"在线矛盾纠纷多元化解平台"等10个省、市、区现有的社会矛盾预防和化解相关信息系统，各类系统可以进行数据传输、功能互通，为再造纠纷化解流程和实现预测预警功能带来可能。

在系统打通的基础上，矛调在线平台能够汇总来自网格排查、部门排查、调解受理、信访受理、仲裁受理、诉讼受理及社会群众反映等原本碎片化、分散化的矛盾纠纷数据，实现全区矛盾纠纷的"一个口子进、一套流程走"。为了能够合理调度工作人员，实现全区域矛盾的快速化解，平台还将全区6000多个机构的2万多名网格员、人民调解员、行政工作人员、仲裁员、法官、律师、行业专家等统一纳入管理。

(2) 重置矛盾化解流程，打造一体化协同

在打通各方信息系统的基础上，平台还进一步完善社会矛盾源头预防、排查预警、多元化解、善后处置一系列矛盾化解流程。在矛盾产生之前，通过完善社会稳定风险评估制度、建设社会心理服务体系等机制，从源头上减少矛盾发生，并通过矛调在线平台对全区数据进行汇集，提取有效信息后建立风险预测模型，实现对重点地区、重点类型社会矛盾的预测预警。在矛盾产生后，矛调在线平台实现矛盾排查汇总、交办流转、多元化解、法律引导的全流程处置，通过语音识别、法律法规查询、类案智能推送、化解方案推荐、文书自动生成等各项功能，提高纠纷化解处置效率。

目前，余杭区的社会矛盾化解处置体系已覆盖"网格—村社—镇街/部门—区"四级，实现矛盾纠纷逐级上报、逐层化解和区级统筹。公众号版的矛调在线平台可对当事人自行报送的纠纷信息进行提取分析，自动智能分案至适宜的机构进行化解。对调解失败、当事人要求提起仲裁或诉讼的纠纷，可一键申请法律援助，一键转仲裁或诉讼。

(3) 创新风险源头预防，生成一系列预警

余杭区依托"社会治理·矛调在线"平台，在大量汇集全区社会矛盾信息数据的基础上，探索通过对社会矛盾历史数据和实时信息的统计分析、智能计算，建立风险预测模型。例如，通过监测预测区域性、类型性、时段性纠纷高峰，掌握季节性、阶段性的社会矛盾规律和特点，探索规律性纠纷预警。

同时，余杭区依托矛调在线平台，对纠纷流转处置全流程留痕管理、节点可控，可对各地区、各纠纷处理机构人员的处理效率、成功率等指标进行日常监管和督查考核，倒逼部门及人员提高处置成效。此外，通过平台内嵌的法律法规推送、类案推送、专家模型、纠纷智能分案等功能，提高了矛盾纠纷化解的公信力。

第三节　智能政务助力公共安全管理

一、什么是公共安全管理

广义上的公共安全是指生产安全、食品安全、公共卫生安全，涉及的具体事件包括自然灾害、生产事故、药品安全、生态环境、公共设施、地下空间、社会治安、金融安全、国家安全等 30 多种有关政治、社会、经济和自然方面的安全防范内容。

公共安全管理是以政府为核心的公共组织为了维护人民的生命、财产安全，保证国家主权不被侵犯，运用政治、法律、经济的管理理论和方法，及时发现、纠正或制止各类安全隐患，提高安全管理水平和危机处理能力，对涉及公共安全的事物，如消防安全、卫生安全、质量安全进行管理的行为。

公共管理的对象也较为广泛，是一切可能引发危险、危及人民生命或财产、国家利益或主权的因素或事件。这既包括自然灾害事故，如地震、海啸、飓风等，又包含人为灾害事故，如火灾、疾病或恐怖主义事件。这些危害公共安全的事件几乎都没有预警信号，自然灾害或许可以借助仪器、仪表及时检测，但对于人为的灾害事故，要么是在不自觉的状况下产生，要么是行动者想方设法地隐蔽自己的行动而制造灾害，难以被管理者所预见。

二、人工智能如何助力公共安全管理

图像识别、计算机视觉及智能大数据分析等人工智能技术可以在公共安全管理领域发挥极大的作用。目前，人工智能在公共安全领域的应用场景主要包括自然灾害监测，公安部门犯罪预测、侦查，食品安全监管等。

1. 人工智能助力灾害监测与预测

风暴、泥石流、洪水、地震等作为自然灾害，往往难以预见，一旦发生可能会对社会造成很大的危害。事实上，随着人工智能的兴起，越来越多的自然

灾害可以借助于人工智能的手段进行预测。

泥石流灾害方面，日本大阪大学的研究人员利用日本全国 50 多万处泥石流侵害点的现实情况，开发出了一款能够预测泥石流发生的人工智能系统。这个系统利用天气预报信息来分析降水量和降水时间，再结合安置在山体、河流中的传感器数据，从而计算出泥石流发生的概率并向人们发出预警。相比传统的监测预警方式，这种 AI 系统能将泥石流灾害的预报时间从提前几分钟大大提升到提前几个小时。

风暴灾害方面，IBM 为美国安大略省电力公司 Hydro One 开发了一款风暴智能预测工具，它能够通过与气象公司观察的实时数据相结合，预测风暴灾害的严重程度和严重区域，从而帮助该电力公司应对突发事故，提前安排电工快速赶到受灾区域，帮助受灾城市快速恢复供电，并能够根据多年来积累的天气数据来对风暴做出更精准的预测，从而使有关部门更有针对性地应对。

洪水灾害方面，英国邓迪大学的研究人员利用自然语言处理、文本挖掘等人工智能技术，通过分析从 Twitter 中提取的社交数据（洪水严重程度、地理位置等信息），来判断洪水灾害侵袭的重点区域和受灾程度，并能提前几天预警，为政府救灾部门提供支持（图 6.10）。

图 6.10　洪水灾害

得益于雷达、遥感、气象卫星技术的发展，自然灾害预测准确率从 2000 年得到了大幅提升，气象中心也积累了相对丰富的历史数据。人工智能站在"前人的肩膀"上，结合自身在图像识别、自然语言处理和大数据处理方面的优势，在自然灾害预测方面能够发挥重要作用。

一方面，自然灾害的监测离不开图像识别技术。技术团队可以通过训练人工智能来自动识别不同的物体，经过训练后的算法能够提高识别水道、树木、田野、道路和建筑物等地面物体的能力，提高卫星地图的精度。同时，能够智能自动更新地图相关信息，比人工修改更加方便快捷。还能够结合高分辨率成像、传感器技术及云计算技术，让城市规划和灾害应对小组更加了解哪里是城市受灾的软肋。另一方面，面对监测产生的大量数据，人工智能能够快速整理并分析这些数据，在非常短的时间内做出及时的预测和警告。据估计，人工智能比传统模型的预测速度要高出 30%，要知道灾害面前救援行动分秒必争，人工智能能够帮助救援省下宝贵的时间。

除了预测自然灾害，人工智能在预测火灾发生率方面也得到了发展。来自佐治亚理工学院埃默里大学和加州大学欧文分校的 AI 研究人员与亚特兰大消防救援部（AFRD）合作开发了一种预测分析软件 Firebird，以识别火灾事故发生率更高的建筑物。这项软件使用了 AFRD 提供的有关建筑物的信息，包括房地产位置、火灾发生率、建筑面积、建筑结构，以及 2010—2014 年建成的年份等 58 个变量历史数据。研究人员将这些数据输入 AI 预测分析软件，并对算法进行调整，以评估 5000 座建筑物的火灾风险评分，据称，该软件准确预测了建筑物中 73% 的火灾事故。

2. 人工智能助力公安部门侦查破案

近年来发生的 2009 年新疆"7·5"打砸抢烧严重暴力犯罪事件，2010 年"3·23"福建南平特大持刀杀学生案件，2013 年"6·7"福建厦门公交车纵火案件，2014 年"3·1"昆明火车站暴力恐怖案件等公共安全事件和案件，严重影响国家政治安全和社会稳定，严重危害了人民群众的生命和财产安全。平安中国建设、经济社会发展的新要求和人民群众对于社会持续安全稳定的新期待，都要求公安机关在公共安全管理工作中要进一步做好对社会公共安全秩序的科学认知和准确把握，对危害公共安全的违法犯罪和重大突发事件、灾害事故，能做到未雨绸缪、超前部署和科学快速、依法高效处置。大数据时代的到来，人工智能技术的发展为公安机关打开了一扇新的智慧之门，推动公安行业开展工作的大变革。

对于公安部门来说，监控视频是其开展安全管理工作的重要资源。虽然传统的视频监控解决了视频的存储和回放，以及各厂商视频流的互联互通问题，但仍然无法准确识别、定位和查找视频中的人、车、物等目标信息。目前，要实现全方位的实时监控，检索查证视频录像中的可疑目标，还必须依靠大量的工作人员。工作人员必须时刻紧盯屏幕，监视所有摄像机的实况视频及回放相关视频录像来查找可疑人员，锁定目标车辆和线索，这显然需要耗费大量人力，而且难免也会因为疲劳和疏忽而错漏掉某些稍纵即逝的重要信息。人工智能技术的出现为这一问题的解决带来了新的机遇。通过智能视频分析技术，自动提取可疑的人、车、物等目标信息，生成结构化的语义描述，从而实现特定目标的快速定位、查找和检索（图6.11）。

图6.11 智能识别车辆、交通标志牌

基于人工智能的视频智能分析是利用计算机图像视觉处理、模式识别和机器学习等算法，分析和识别运动目标信息。通过在监控的前端摄像机中内置人工智能芯片，从而实时分析视频内容，检测运动对象，识别人、车等属性信息，并通过网络传递到后端人工智能的中心数据库进行存储。利用人工智能强大的计算力及智能分析能力对数据库中汇集的海量城市信息进行分析处理，实现对嫌疑人的信息进行实时分析，并给出最可能的线索建议，将犯罪嫌疑人的轨迹锁定由原来的几天缩短到几分钟，为案件侦破节约宝贵时间，遏制可能发生的大型公共安全事故。

在安防部门，基于人工智能的人脸识别技术应用更为广泛。借助于人脸卡口 IPC 摄像机的智能人脸检测技术，公安部门可以在城市道路、广场、娱乐场所及各类重点场所对目标人员进行人脸识别，提取包括性别、穿着打扮、年龄段等特征信息，从而实现人脸的实时布控、高危人员比对、以图搜图、语义搜索等方面的业务应用。以人脸布控业务为例，它是通过对场景中视频进行实时人脸采集和视频分析，与各种人脸库（警综、信综、出入境、人口库、追逃库、犯罪人员库等）提供的图片进行对比，并能够将发现的重点关注人员推送到公安实战平台客户端或手机终端。另外，公安实战平台与全国人口库、常住人口库、居住证人口库等数据关联，实现城市地铁、机场、酒店的人脸识别系统联动。结合地图业务应用，可实现轨迹回放、告警、查询的可视化。

在案情分析方面，庞大的数据量可能会耗费大量的警力，北京市公安局于 2016 年试用了由神州泰岳公司研发的"智脑"公安案情分析系统，对 2016 年 9—12 月近万起电信诈骗案件进行案情分析，实现串并线索总量近千条，超过了 10% 的案件串并。智脑系统的目标对象包括公安行业中刑侦、经侦、治安、缉毒等不同警种，它利用人工智能的自然语言及语义分析技术，能够提供公安行业的刑事案件、室内盗窃、电信诈骗、110 报案等业务类型的信息系统中的特征信息，如"简要案情""回访记录""现勘记录""讯问笔录""询问笔录"等，从而实现非结构化数据的自动分析、案件特征的自动识别、案情特征的交叉碰撞，为情报部门、侦查部门的案件侦破、案件串并研判辅助支持，有效降低警力的人工支出，保障案件研判基础，从而有效辅助打击犯罪、提升破案效率。

3. 人工智能助力食品监管

2019年3·15晚会开幕前夕，餐饮企业"外婆家"被曝出在洗菜池里洗拖把、厨师踩着案板走等不卫生行为，引发食品安全监管领域的进一步思考。从"三聚氰胺"奶粉、"毒馒头"、"瘦肉精"再到如今各个饭馆的卫生事件，食品安全事件层出不穷。近年来，我国的食品安全形势日益恶化，食品从原料生产、加工至零售等全过程均存在很多安全问题，食品安全监管形势严峻。虽然我国建立了完整的食品安全监督体系，但是监管人员与食品行业从业人员的比例仍然落后与欧美发达国家，因而使用人工智能技术开展食品安全智能化监督尤为重要。

在食品安全监管领域，"明厨亮灶"是食药监部门采取的一项重要措施。通过将全市上万家餐厅、食堂后厨的监控画面接入市场监管部门，对食品生产全流程进行可视化监管。但"明厨亮灶"解决了"有没有"的问题，如何高效、精准地审察如此海量的视频内容，成为新的监管问题。此时，通过智能识别监控视频内容的方式变得日益重要。智能监管系统可以在以下几个方面代替人工的食品安全监管。

①实时查看餐饮单位从业人员健康证状况，运用人脸识别技术进行"人证合一"监管，对健康证有效期进行预警。

②监控厨房内工作人员按规定穿戴衣帽口罩的情况及操作。

③监控厨房内可能出现的老鼠、蟑螂等生物。

④标记出厨房内的设施设备（清洗设施、消毒设施、保洁设施），并记录其使用状况。

⑤标记出厨房内的用具、容器和其他设备，并记录其使用状况。

⑥标记出厨房内的清洗水池（水池配置、标识区分），并记录其使用状况。

目前，在后厨智能监管领域，社会上已经有一些实践。例如，在2019年

3月举办的博鳌亚洲论坛上,负责论坛食品安全保障工作的海南省市场监督管理局应用了智能化、自动化的"睿眼"AI远程监管系统,保证食品安全全环节、全流程、封闭式的监管,实现了论坛举办期间食品安全零事故。"睿眼"系统利用计算机视觉、大数据、人工智能等软硬件技术,可以智能识别酒店后厨的违规现象,如后厨操作人员未带帽子、抽烟、玩手机等行为,并把疑似违规线索自动推送至监控中心与现场监管人员的手机中,实现监控和执法的实时联动。

类似地,浙江易尤特检测科技有限公司推出"智安厨房"系统,可以对人、设备、物料、环境方面的异常因素进行识别。例如,厨师没有佩戴厨师帽或者工作人员未持健康证而在后厨工作时,智能摄像头会自动捕捉这些行为,通过影像识别系统进行人工智能大数据分析,通过识别比对得出人员着装情况、持证情况未按照标准规范实施。此时,摄像头会直接进行语音报警,提醒在场人员规范作业。系统识别的全流程也会被记录在餐饮平台的人工智能大数据信息化系统上,生成文字、影音、图文比对等记录。人工智能技术可以实现远程、自动、无人化的智能监管,提高监管部门、餐饮管理人员的监管和管理效率。

在国外,在公共卫生事务管理方面同样有使用人工智能技术的创新实践。在拉斯维加斯,卫生部门常常采用随机抽样的方式检查餐馆卫生情况,这种方法有效性并不高。后来,拉斯维加斯的卫生部门试用了一款软件,通过机器学习和自然语言识别技术对数千万条推文进行整理和分析,该程序从推特上的单词和短语中计算出餐馆健康问题的类型和可能性,然后标记这些单词和短语并将其与特定的餐馆连接起来,并生成待检查餐馆列表,卫生检查员随后被派往这些餐馆进行彻底检查。这种方法大大提升了卫生部门检查的效率,节省时间和金钱。与大数据分析不同,大数据分析需要花费时间收集和分析结构化数据,而这个程序能够通过阅读非结构化数据(单词和短语)快速计算可能的健康问题。

参考文献

[1] 马永驰. 复杂社会问题和谐解决的 TPM 范式 [C]// 中国系统工程学会. 和谐发展与系统工程——中国系统工程学会第十五届年会论文集. 2008：8.

[2] 纪云泉. 基于专家系统和证据理论的网络测试智能研判系统的研究与实现 [D]. 西安：西安电子科技大学，2014.

[3] 李丹. 浅析预防和化解社会矛盾的重要意义与途径 [J]. 法制博览，2018（27）：226-227.

[4] 张传友. 加强我国公共安全管理的思考 [J]. 长江论坛，2007（6）：43-45，67.

[5] 刘承水. 关于城市公共安全管理的思考 [J]. 城市问题，2007（4）：80-83.

[6] 张艳朋. 大数据对公共安全管理方法论的变革 [D]. 南昌：江西财经大学，2015.

[7] 马丁，苏鹏冲. 网络犯罪原始电子数据研判系统的研究与设计 [J]. 中国人民公安大学学报（自然科学版），2015，21（2）：63-66.

[8] 刘晶璟. 人工智能技术在食品安全监管领域应用研究 [J]. 微型电脑应用，2018，34（6）：40-43.

[9] 姚亮. 运用大数据促进社会矛盾的有效预防和化解 [J]. 老区建设，2014（4）：18-19.

[10] 鄢睿. 人工智能视域下网络舆情监测的变革之道 [J]. 传媒，2017（20）：51-53.

[11] 魏晓光，孙康琛，张涛，等. 基于人工智能的网络舆情监管模式创新探究 [J]. 产业与科技论坛，2017，16（4）：48-49.

[12] 李子青. 海量视频智能分析研判系统 [J]. 中国公共安全（综合版），2012（15）：180-185.

[13] 网络传播杂志. 人工智能提升网络舆情分析能力 [EB/OL]. (2017-03-20)[2019-05-22]. http://www.cac.gov.cn/2017-03/20/c_1120656867.htm.

[14] 中国日报网. 华宇"睿眼"出鞘 助力食品安全监管 [EB/OL]. (2019-04-10) [2019-05-22]. http://www.cnfood.com/news/show-307485.html.

[15] 颜媚，张涛，石霖. 人工智能在公共安全领域应用探析 [EB/OL]. (2018-02-15)

[2019-05-22]. http://blog.sina.com.cn/s/blog_1319c88450102y07y.html.

[16] 余杭新闻网－余杭晨报. 余杭探索实践社会矛盾智慧治理[EB/OL]. (2018-12-19)[2019-05-22].http://www.eyh.cn/class/class_24/Articles/454611.html.

[17] 彭扬. 中国食品安全网与浙江易尤特联手打造食品安全监管大数据平台[EB/OL]. (2019-01-04)[2019-05-22].http://economy.gmw.cn/2019-01-04/content_32297390.htm.

[18] 广州市人民政府. 全国司法行政系统首创！广州市司法局率先推出"智慧调解"微信平台[EB/OL]. (2018-11-13)[2019-05-22].http://www.gz.gov.cn/gzgov/s5824/201811/e3f05ae2f3c841f19a87b39f4bf386bc.shtml.

[19] 温州网. 公益诉讼1周年，温州检察机关"晒"出成绩单. (2018-08-16)[2019-05-22]. http://news.66wz.com/system/2018/08/16/105106346.shtml.

[20] 数澜. 温州检察院联合数澜科技成功研发公益诉讼线索智能研判预警系统[EB/OL]. (2018-07-18)[2019-05-22].https://mp.weixin.qq.com/s?__biz=MzIzOTY2MTY5Ng%3D%3D&chksm=e927ef34de506622bad91a1aec71589903527c7fa4bbef6ae2983de802f1f2b4f7a4ede7c0fd&idx=1&mid=2247485659&scene=21&sn=df85b5eca69d0ab3224740fbf04f19e4.

第三篇

智能政务未来展望

新事物的发展壮大往往伴随着各种各样的争议与挑战，智能政务作为人工智能在政务领域的应用，会面临怎样的挑战呢？正如4G改变的不仅仅是速度，而是基于网络速度的移动互联时代一样，人工智能带来的改变也将不仅是我们所看到的效率。那么在政务领域，人工智能又将带来怎样的改变？智能政务的未来无人能笃定预测，我们且稍作展望。

第七章

智能政务发展面临的挑战

前面我们已经知道，人工智能可以从流程化的业务中解放人力资源，并提高业务流程的效率，政务服务正是规范化、流程化的业务，各国政府都在政务服务系统中投入了大量的人力、物力，以满足社会对优质政务服务的需求。目前在各个行业，人工智能都在迅速发展，但在政务领域为何相对较慢呢？本章将从智能化、安全性、管理服务能力3个方面来介绍人工智能在政务领域的发展难点。

第一节 政务决策智能化的挑战

智能化的实现离不开数据的支撑，或是以数据训练学习智能，或是以数据检验优化算法，政务智能化的第一步，也是数据。智能政务的实现需要以充分的数据准备为基础，建立标准化的数据库，支撑人工智能的发展与应用。但仅有数据也还是不够的，由于社会往往需要多方位的政务服务，相互关系错综复杂，智能政务的实现也需要以数据的整合共享为基础。与服务不同的是，政策制定所涉及的范围更加广泛，如何实现对政策效果的量化预测及智能化的决策，这绝不是人工智能一个领域所能解决的难题。

一、政务数据基础薄弱

我们以"智能导办助手"为例,介绍现阶段政务智能化的数据挑战。来到政务服务大厅,在政务服务大厅的功能分区中,会在入口处设立一个咨询窗口,提供办事指引服务,政务服务系统也设置有在线的电话咨询或网络咨询通道,市民可以通过这些咨询通道,告知自己的办事需求,政务服务人员会给予详细的办事流程。各地政府都在咨询通道上投入了大量的人力资源,以随时应对市民的办事咨询,这些政务服务人员每天如机器一般,输入需求,输出指引(图7.1)。从工作特点来看,这类重复的工作似乎很适合人工智能,甚至可以推断,未来智能化的导办助手一定会取代人工来为市民提供咨询服务,市民只需要通过移动端提供自己的需求,就能够拥有自己的贴身办事助理。目前,虽然已经出现政务领域的智能问答机器人,但其服务能力却远远不足,为何此类人工智能没有得到有效的发展与普及呢?

图 7.1 国家大数据(贵州)综合实验区展示中心 5G+ 智能机器人

我们先来看一组数据:南京江北新区泰山街道每天办事、咨询总量为 700~1400 件。一个街道的每天业务量尚且如此,那整个江苏省呢?但这些办事、咨询数据最终只是以各业务窗口的办事量被记录,数量巨大的政务数据未能被有效积累,无法为人工智能的训练与测试提供有效的数据支持。

智能导办助手只是政务服务智能化的一个缩影,这智能化的冰山一角对数据基础的需求可见一斑。然而,若仅仅是因为忽视基础数据的积累而限制了智能政务的发展,那么只需要一些意识上的重视,问题似乎就能解决,但现状却并非如此,我们以另一个例子来了解数据基础建设的客观难题。

普查是国家或地区为详细了解国情、国力的一项大规模的全面调查。由国家级部门领导，各地方政府配合进行，主要针对某项内容调查总量指标。普查作为一种能够客观反映国家某些方面真实情况的举措，被世界各国所采用，我们国家的三大普查分别是人口普查、经济普查和农业普查（图7.2）。在普查中，需要花费大量的人力、物力资源，同时需要花费较长的时间来进行，对于我国人口众多、疆土辽阔等复杂特点，普查的重要性更明显，难点也更突出。若不能以充足的资金、人力和充分的规划来保障普查的进行，相对于根据低效数据制定政策所带来的影响，普查对资源的浪费就显得微不足道了。

图 7.2　第六次人口普查

在 2018 年 3 月的新西兰人口普查中，开始采用网络普查渠道并缩减了普查预算，由于筹备不足，有约 1/7 的人错过或是没有完整填写人口普查调查表，就这个比例而言，此次统计可以总结为失败。尽管后续新西兰政府陆续追加拨款并重新安排工作，也通过调用其他数据补充人口数据空缺，但在家庭生活等方面的数据空缺未能得到填补。而且截至 2019 年 4 月，统计局仍未完全公布调查结果，且已开始对未完成人口普查的人发起控诉，这显然有违调查的初衷（图 7.3）。

图 7.3　新西兰人口普查的网络问卷渠道

从中我们不难看出人口普查的困难，即使是安排周全的普查，也依然无法实现 100% 的回应率，各国统计部门都需要依靠其他数据进行修正。且一次普查只能针对一项数据进行调查，就我国而言，人口、经济、农业普查是分开进行的，一项普查从开始筹备到实施需要超过一年的时间，这项普查结束，另一项普查就又已开始，大量的工作人员始终在普查一线工作，不仅效率低下，而且工作重复性很高。但这与智能政务又有什么关系呢？有，区域数据为区域性的智能政务应用提供支撑，全国性的数据是这些单项数据的整合，为全国性的政策制定提供支持。然而这些数据集成困难，最重要的一点是各地区各项数据的标准格式并不统一，无法直接集中汇总，另外，各地政府并未对普查的一些数据建立动态数据库，导致这些数据无法实时调用，只能通过统一的调查临时搜集。现如今，各地都在进行智能政务的尝试与发展，尽管一些地区已经在建设较为全面的数据库，然而这些尝试并未建立在统一的标准之上，难以集中整合，普查依旧是当下我国全面了解国情的唯一选择。

没有大量政务数据的支撑，没有统一的数据建设标准，政务服务智能化就难以实现，更何况，智能化所要面临的困难可能还包括政务服务对准确无误的要求、不同地区区域政策不同而产生的差异性需求等，但数据积累这一基础性前提若不能保证，智能化便始终是空中楼阁。

二、数据整合共享差

经国家信息中心统计，2015年12月至2018年12月，各地区政府网站数量都有了一定量的缩减，其中以江苏省与浙江省的缩减幅度最为突出，政府网站数量缩减率接近80%（表7.1）。另外，各地区都建立了全省统一的政务服务网站架构，在统一架构的基础上提供特色服务，这种"统一提供毛坯房，自主装饰"的政务模式也体现了政务服务系统的集成化发展趋势。但困扰政务智能化的条块分割、各自为政的问题仍未解决，数据孤岛现象依旧是政务智能化的难点。

前面我们提到，我国三大普查分别为人口普查、经济普查与农业普查，在普查条例中分别规定了人口普查按年份尾数为0每十年进行一次，农业普查按年份尾数为6每十年进行一次，经济普查每五年一次，三大普查分开进行造成了诸多资源浪费，且数据存在时间差，无法进行实时的综合分析。之所以三大普查无法同时进行，也正是各部门独立工作、部门间数据不通所导致的。

表 7.1 2015—2018 年部分地区政务网站数量

地区	2015 年 12 月	2018 年 6 月	缩减
北京	1065	704	33.9%
天津	398	151	62.1%
河北	1988	583	70.7%
山西	1315	418	68.2%
内蒙古	2208	584	73.6%
辽宁	1319	703	46.7%
吉林	853	352	58.7%
黑龙江	1399	456	67.4%
上海	713	586	17.8%

来源：中国互联网络发展状况统计报告。

政务部门中大量原始数据被分别存放在不同科室和部门中，各部门信息数据因部门体系不同，数据信息交流存在一定障碍，导致一些部门间信息资源无法实现共享，很难调阅、查询，更难以整合，严重制约数据资源的使用成效。数据资源缺乏整合是当前一些政务部门依然存在的问题，这种现象反映在工作中往往导致工作效率低下，不利于各部门系统间数据资源交流共享，用户难以对服务系统进行统一访问，政府管理流程优化与协同治理能力的提升也难以实现。

随着智能政务的应用逐渐深化，社会问题的智能决策往往需要多领域数据的共同支持，决策执行也需要多部门协同合作，数据整合共享差带来的另一个问题就是限制了智能分析决策的发挥——数据孤岛现象使智能决策缺少关联数据的支持。

然而，实现数据的整合共享并非易事，这其中既有主观的消极意愿问题，也有客观的技术与管理难点。一方面，一些部门不愿主动将数据整合共享。对一些部门而言，数据源于工作的积累，直接关系到各部门、系统自身的利益，数据共享即意味着权力旁落，抑或是担心数据共享后的安全性问题，在没有强制文件或改革方案的硬性要求下，缺乏主动共享数据的动机。另一方面，信息共享受信息标准化的阻碍，原来的政务信息系统建设中，由于缺乏标准体系的支撑，各部门采集的数据格式不统一、标准不一致，采取的处理技术、应用平台各异，数据库接口也不互通。因此，信息管理平台难以整合，导致数据导引、数据获取、交互交换中发生迟滞、偏差，信息资源的共享存在困难。除此之外，管理边界不清晰、责任区分不明确，对数据资源的归属、采集、开发等相关管理规则不明确，数据的归集、整合、清洗、比对在短时间内难以完成，而且数据共享、维护所需要的经费支持来源不明确，也增加了部门间数据共享的难度。

因此，打通数据孤岛，不仅需要从顶层规划设计数据整合，更需要变革原有的管理体制适应现代化的社会需求。不能忽略的是，数据整合将使得关联数据能够更加精确地定位到个人，个人隐私权、整合数据的安全性将受到进一步挑战。

三、辅助决策系统及其困境

假如有一天人工智能应用于政务辅助决策，那也许是这样一个场景：市长及市委领导围坐在会议室中，将拟定的新一年发展方案输入智能决策系统（这些发展方案由各工作组根据国家、省、市总体发展方略在智能系统的帮助下制定），智能系统对各个方案进行测评、可行性分析与成效预测，帮助挑选发展方案并给出修改建议，最终得出该市新一年的发展方案。

这样的智能决策场景我们已经可以在商业领域见到，商业领域的决策支持系统是将多个广义的模型有机组合起来，对数据库中的数据进行处理而形成的多模型综合决策。政务决策区别于商务决策最大的特点正是社会问题的复杂性，一个社会问题往往关乎多方利益，而政府在保证社会收益的同时又要保持自身的公平与公正，复杂性、公平公正这两点是人工智能应用于辅助政务决策的主要难题。

人工智能在政务领域的应用也初见雏形，如应用于浙江省的"二三维一体化实战指挥辅助决策系统"，如图7.4所示。

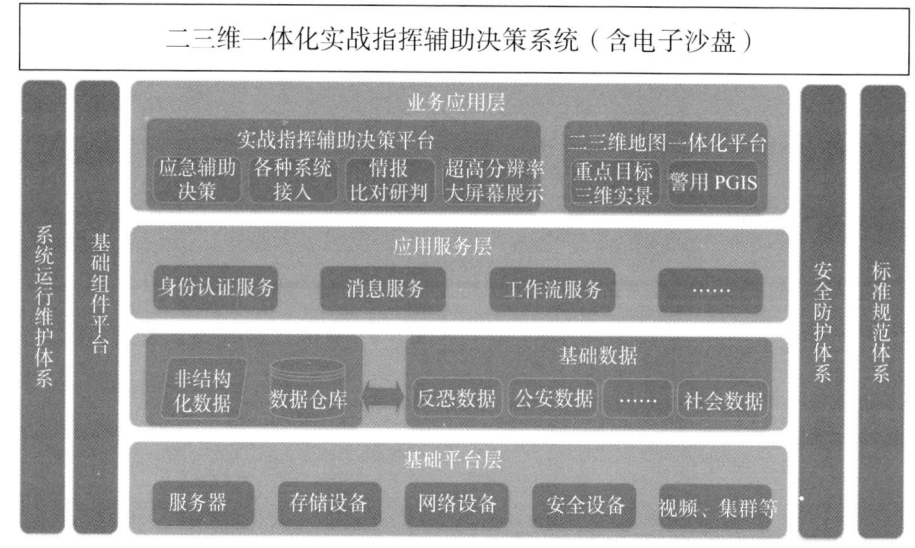

图7.4 二三维一体化实战指挥辅助决策系统

该系统通过集成各种有线（公网和公安专线）、350M 无线数字集群、视频监控、人脸识别、单兵系统、北斗定位等系统，并实现这些系统的互联互通及联动功能，建设多通信手段的立体融合，做到高效、方便、准确的指挥和调度。让处置指挥人员能够在三维数字模型上设计、部署处置方案；为情报研判人员和指挥决策者在高精度二、三维地图上随时了解掌握不同地域、不同警情的分布态势，为直观预警、快速应急指挥调度和科学辅助决策提供帮助。

该系统通过提供高精度的实时空间、位置信息，为应急决策提供数据支持。在更加细化的策略选择阶段，这类系统也能自主判断问题情形，选择应对策略，如消防机器人可以根据灾情判断合适的救援地点。但智能决策也仅限于此，因为相比于我们前面所设想的政策制定场景，这些系统中所涉及的利益相关方、有关数据量均未在同一层级，所涉及的领域也十分单一，还远远达不到我们所设想的全方位预测。

目前，智能技术发展的成熟度如图 7.5 所示，智能预测分析技术仍处在低谷期，因为在各个领域，分析与预测都不是仅人工智能技术能够负担的环节，由于变化的因素过多，相互联系复杂，更需要多领域协同合作共同完成。

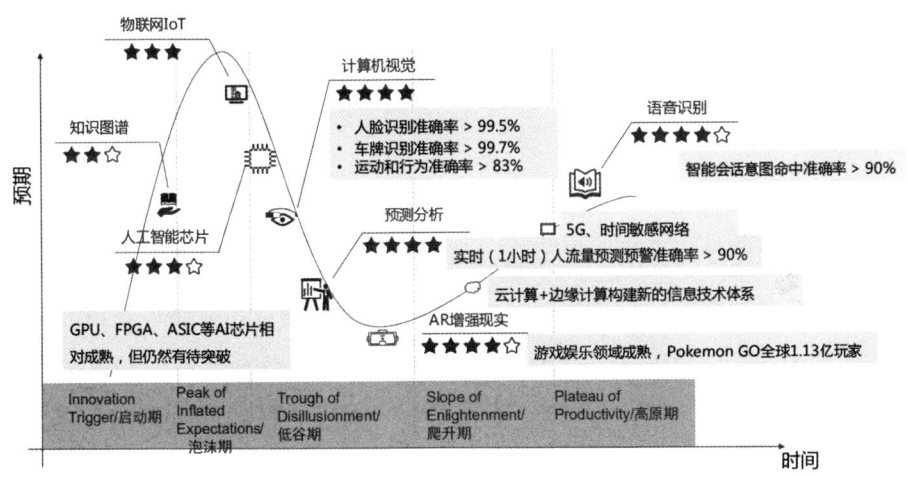

图 7.5　人工智能技术发展成熟度

例如，在宏观经济监测预警系统中，利用系统生成的先行合成指数对未来经济形势（趋热还是趋冷）进行分析判断，经济趋热还是趋冷的界定是新知识的形成过程，而对经济趋热或趋冷的宏观调控政策则是财政、金融和投资等多个宏观经济管理部门协同决策制定的，这就已经涉及经济学与多个宏观经济管理部门。再将问题扩大到我们设想的城市发展方案，所涉及的将是数十个政府管理部门，医药、卫生、教育等全部社会领域，以及学生、工人等所有利益相关方，人工智能怎样应对上述的问题，梳理这团乱麻呢？

尽管综合性的智能决策还很遥远，但是，至少单一部门、部门合作的决策支持系统已经逐步产生，随着合作应用的逐步加深，我们总归还可以看到决策智能化的发展方向。

第二节　智能政务的安全性挑战

人工智能的核心由两个部分构成——算法与数据，这个特点也引出了智能政务安全性的主要问题：现有的安全技术能否支撑海量政务数据的安全利用？人工智能的算法是否足够完美，不会被轻易识破？这两个问题是人们对智能政务安全性最大的担忧。

一、数据安全隐患

政务数据与其他领域的数据相比有着明显的特点。

政务数据的专指度高，由于政务服务要求严格的身份识别，政务服务过程所产生的数据都能够直接具体到人或企业等，这类数据的泄露将会直接威胁到个人与企业的利益与安全，大量数据的泄露更会给社会带来难以想象的恐慌与危机。以人工智能提供政务服务，将会使政务数据被接触的渠道增多。人工智能技术要接触到海量数据，并对其进行采集、分析、整理，这些数据信息包含很多个人资料信息，如果工作程序或者网络环境缺乏安全保障，会造成个人信息泄露，对个人隐私造成侵犯。由于云计算技术的利用，使很多政务部门将大量数据信息都放置到网络云端服务器中存储，一旦网络遭到恶意攻击，这些数据信息就很容易被大量窃取。政务部门众多信息资源都是通过网络进行整合传递，这些数据信息来自不同部门，在数据的每次传递与整合过程中都会留下记录，数据资源在整合过程中也面临着泄密的危险。

政府对隐私信息的保护意识不足，在数据开放的要求下，出现了诸多隐私泄露的情况。此前，据澎湃新闻报道，安徽、重庆、湖北、江西等地政府部门网站在公示中存在大面积隐私信息泄露（图7.6）。从2016年的"徐玉玉事件""宋振宁事件"等到2017年焦作特大电信诈骗案，都是隐私信息泄露造成的重大安全事件。

图 7.6　南古镇 2017 年 7 月公开的《新识别纳入困户名单》

另外，由于智能政务要求数据的集成整合，这也就使得一旦数据泄露，泄露数据的威胁范围将非常可怕，数据被授权者窃取数据的威胁将进一步提升，反间谍工作也将迎来新的挑战。例如，2010 年，美国陆军上等兵布拉德利·曼宁，由于负责情报分析工作的原因而拥有存取政府数据库的权限，便利用职务之便将数据库内的部分机密资料转交给维基揭秘。

以另一个广为人知的案例来具体介绍。2013 年 6 月，美国中央情报局前职员爱德华·斯诺登将两份绝密资料交给了英国《卫报》和美国《华盛顿邮报》。英国《卫报》和美国《华盛顿邮报》称美国国家安全局有一项代号为"棱镜"的秘密项目，该项目授权美国国家安全局从微软、苹果、谷歌、雅虎等美国知名互联网企业获取信息，监控美国公民的电子邮件、聊天记录等秘密资料，美国总统的日常简报内容部分来源于此项目，该工具被称作是获得此类信息的最全面方式。

报道刊出后，保护公民隐私组织强烈谴责奥巴马政府，认为这些项目都侵犯了公民基本权利。以谷歌为首的美国 IT 巨头一方面反对其他国家的政府监管本国的互联网；另一方面又与美国政府结盟，监管别国的互联网。这是美国有史以来最大的一起监控事件,侵犯的人群之广、程度之深令人咋舌。该事件暴露出美国对包括盟国在内的互联网实施全面监控,反映了当前网络安全"无孔不入,无事不监"的现状,以及国际信息安全对抗的尖锐性,已引起全球对网络空间主动权和控制权的思考和重视。智能政务时代呢?虚拟世界非但没有完全独立于现实世界,反而发展出个人数据被信息平台所掌控、分析、解读与引导的全景监控的态势。这意味着,当所有行动者都被计算机以数据形式纳入网络之后,在负责处理大数据的超级计算机面前,任何人或组织都没有丝毫隐私可言,人工智能无须借助脑机融合或基因技术,仅依靠机器学习就能预测每一个人的行动。

维基揭秘和"棱镜门"事件给我国的信息安全工作带来深刻影响,我们要思考,应该在什么样的高度和战略角度,重新审视如何对信息安全工作进行部署,尽快研究和制定我国的信息安全战略,用更高层次的战略指导今后的网络信息安全问题。

这些闹得沸沸扬扬的美国外交泄密事件,表明信息时代泄密渠道越来越隐蔽、泄密后果越来越严重,也给我们敲响了警钟。我国受境外网络攻击和情报窃密的威胁越来越多,信息安全管理工作形势日趋严峻,面临前所未有的挑战。我国当前电子政务的信息安全形势非常严峻,在"棱镜"项目中,美国对我国内地和香港地区实施了6万多项的网络攻击计划,但事件曝光后,奥巴马仍公开表态:"公众应该明白,绝对100%的安全和100%的个人隐私是不可能兼得的。"这表明,今后美国对我国的窃密活动并不会停止。

根据国家信息中心统计,关系到国计民生重大利益的国家基础设施,已成为网络攻击的重要目标。2015年以来,来自境外的黑客组织已持续3年对我国政府、科研院所、海事机构、海域建设、航运企业等相关重要领域进行攻击,地域遍及国内29个省。据统计,截至2017年12月底,累计监测到针对我国境内目标发动攻击的境外APT组织38个。统计显示,2017年,这些APT组织发动的攻击行动至少影响中国境内超过万台电脑,攻击范围遍布国内省级行政区。政务信息系统整合共享后,将通过政务信息共享平台,实现国务院部门和地方政府信息系统的互联互通,届时,整个网络将更为复杂,系统将更为庞大,汇聚数据信息更为繁多。在这种情况下,作为国家关键信息基础设施的政务信息网络、政务信息系统、政务共享平台等一旦遭受攻击,将直接影响到国家安全。

总结来讲,伴随智能政务而集成整合化的数据将会使隐私空间进一步被压缩,这类数据也因为网络传输与云端计算而增加泄露风险,一次数据泄露将因为数据的集中程度而带来重大威胁,因而智能政务的发展必须伴随着数据安全技术、管理、立法等多方位数据保护方法的共同支持。

二、算法的严密性不足

人工智能以固有的逻辑为规则工作,那么,就会有一个先天缺陷——当人工智能背后的工作逻辑被识破,就能够针对其逻辑,在不触发其预警机制的情形下骗过人工智能。

政务服务大厅的身份核验是以身份证等证件与持证人是否相符来验证身份,若此环节以人工智能实现,会用到类似于人脸识别的系统。对于此类系统想必大家并不陌生,火车站入站口已逐步建设人脸识别门卡,来验证持证人身份;网络流传已久的张学友演唱会多次抓到逃犯,也是以装有人脸识别系统的门卡识别出了逃犯身份;另外,公安部门的"天眼系统",其运作也正是基于人脸识别技术。那么,这么神乎奇迹的人脸识别是否能保证政务服务过程中身份的正确识别呢?答案是:未必。

Face ID,一种用来解锁最新款 iPhone 的面部识别技术,一度被称为迄今为止最安全的人工智能激活方法(图7.7)。苹果公司曾夸口称 Face ID 的解锁失误率仅为百万分之一。但是,随后越南公司 BKAV 使用了由3D打印的塑料、硅胶、化妆品和一些剪纸制成的面具就成功破解了 Face ID,而面具的造价只有150美元。BKAV 只是扫描了测试对象的脸部,使用3D打印机生成了一个脸部模型，贴上了一些剪纸眼睛、嘴巴和硅胶做的鼻子。Face ID 的破解给整个行业带来了冲击，加剧了消费者对设备隐私的风险及更普遍的人工智能技术安全性的考量。

图 7.7　Face ID

正是识破了人脸识别技术的背后逻辑，针对其识别特征部位定制 3D 部件，人工智能若在未经过此种类型错误数据训练的情况下，如材质数据，便不具备识别出面具的能力。甚至于如今已有将 2D 照片打印成 3D 模型的人工智能技术，制造出与人脸丝毫无差的面具也未必不可能。从这个例子我们可以对人工智能的先天性缺陷有一定的理解，但与上述人脸识别的例子不同的是，政务系统要求严格的身份正确性以保证公平与公正，即要求身份识别系统的准确率高达 100%，这是人工智能难以实现的。

当人工智能的背后逻辑被黑客获取，就有可能找到其安全漏洞，我们所熟知的图片分类识别也存在这种安全隐患，如 Google 人工智能就曾把步枪错认为直升机。通过略微调整步枪的照片，麻省理工学院的研究小组成功欺骗了 Google Cloud Vision API，让它将步枪照片错认为直升机。这个技巧，也叫对抗样本，是计算机通过进行人眼无法察觉的修改从而使图像分类出现错误。此前，如果黑客知道目标计算系统的基本机制，这种对抗样本才会起效。麻省理工学院的团队通过触发错误分类无须获得系统信息，改进了对抗样本。

从某种程度上讲，现有的人工智能是基于大量数据训练出来的概率判断系统，这就意味着人工智能还未能够实现100%正确率。对于商业服务或者逃犯追捕而言，99%的正确率已经具有足够高的应用性，尽管有1%的疏漏率，天眼系统对于逃犯的抓捕效率也能够获得质的提升，至少相对于传统并不会出现损失，但有些人工智能一旦出现错误，将会带来严重的后果。

举一个类似的例子来说明，自动驾驶汽车的安全性一直备受争议，因为一旦出现训练数据之外的情况，自动驾驶汽车出现事故的概率将会大大提升。Uber公司改装后的自动驾驶测试车在美国撞死了一位女士，充分表明今天的人工智能技术并不是一个完备的体系。Uber的那辆汽车当时处于光线很暗的环境中，那位女士身穿黑色衣服，在这种很复杂的情况下，汽车的人工智能没有做出任何判断，甚至没有减速，最终酿成了悲剧。

更为严峻的是，人工智能所依赖的传感器、训练数据和使用的开源软件等都可能存在安全隐患，如传感器可以被干扰，系统自身也可以被欺骗或入侵。即便是数据的积累量进一步提升使得自动驾驶汽车的事故率远低于现有的交通事故率，当自动驾驶汽车的传感器受到恶意干扰，自动驾驶汽车甚至可能化身为凶手的犯罪工具，而这一过程甚至不会留下任何痕迹，我们甚至不能发现这是否是一起意外交通事故。360安全团队就曾在测试中利用超声波干扰技术成功实现对特斯拉自动驾驶系统的欺骗，让它相信前方的障碍物并不存在。360安全团队也因为上报了这个漏洞，进入了特斯拉名人堂。这种不违背算法核心逻辑就影响人工智能正常运行的安全问题将会比黑客入侵更难以防备。

对于政务系统而言，其所应用的领域往往涉及公众的利益，某些政务服务若出现身份识别错误，给利益相关者带来严重损失，这也是智能政务无法直接应用或边使用边优化的原因，低容错性的特点决定了此种智能政务服务必须在足够成熟后方可上线。

第三节　自身管理服务能力的挑战

一、管理变革之难

在人工智能应用逐渐深化的过程中，由于效率的提升及进一步提升效率的需要，政府不得不在自身管理上进行改变。包括纵向管理层级的改变、横向部门功能的改变，以及动态业务合作的改变等。

政务服务部门传统的层级治理结构导致的效率低下问题仍然存在。现有的行政管理体制通过设置纵向行政层级和横向职能部门，完成了对行政权力运行的纵向管理和横向分工。但纵向层级较多、横向部门分工过细的行政体制，虽然有利于实现行政权力运行的规范性和治理秩序的稳定性，但在回应民众诉求和社会关切方面存在严重滞后的困境。

在现有的多层级治理结构下，由下而上的信息传递和由上而下的决策制定都较为缓慢。再加上信息不对称及道德风险等因素的存在，目前阶段，网络信息技术为传统政府体系提供了不改变原有结构就可以提升自身效率的途径，但作为促进政务服务变革的辅助手段，人工智能只能从信息流转等角度提升办事效率，但却无法从根本上改变因现有治理结构不合理所导致的效率低下问题。同时，固定的纵向层级与横向部门分工结构在面对突发性的危机事件时，难以做到及时有效的应对，而人工智能需要的是适应性强和高度灵活性的体制模式，其发展和应用呼唤的是政府治理过程的扁平化与网络化，并在此基础上实现各主体之间的协同配合与互动互通，这是人工智能应用实现最优化的基本前提，同时也恰是传统的治理模式难以支撑和实现的。

人工智能会对行政组织体制产生变革，部门间数据整合共享就是变革的开端，如果传统政府体系通过人工智能优化业务流程仍无法适应现代社会管理，那么现有的去中心化的网络体系将会穿越传统的等级界限，减少其决策、传递、执行的纵向链条，实现扁平化管理，同时也将打通水平方向严格的部门分割管理，形成以需求为中心的动态交叉网络,即各管理要素会围绕设定的任务形成动态层级链条。

人工智能在提升工作效率的同时,也会对一些部门的职能产生冲击。仍以前文的普查为例,数据标准不统一、各地区数据库建设程度参差不齐等问题使得普查仍然是当下全面了解国情的必然选择,但随着国家对政务信息整合的重视,国务院办公厅成立政务信息系统整合共享推进落实督查工作组,发展改革委成立政务信息系统整合共享推进落实工作领导小组,并印发了《加快推进落实〈政务信息系统整合共享实施方案〉工作方案的通知》(发改高技〔2017〕1529号)、《关于开展政务信息系统整合共享应用试点的通知》(发改办高技〔2017〕1714号)等文件,统筹推进政务信息整合共享工作。截至目前,我国已基本建立了国家数据共享交换平台体系,打通了国务院部门建设的42个垂直信息系统和694个数据项,初步实现了71个部门、32个地方的"网络通",16个重点领域的"数据通""业务通"。国内31个省(区、市)结合当地特色,分别印发了《政务信息整合共享实施方案》,其中,四川省率先实现与国家平台对接。在这种数据高度整合的趋势之下,未来普查这种获取全国范围数据的调查过程将会被一道数据调用的政令取代,统计部门的功能也将逐渐降低。

功能变化易,人员变化难,伴随着效率提升与功能变化,现有的服务于这些岗位的工作人员又将如何调动?管理体制变革过程将会给传统政府体制下的一切带来巨大冲击,这种冲击不仅体现在社会管理模式与管理体系上,还会使素来稳定的公共职业也面临竞争压力与失业压力。但这种压力某种程度上将减缓政务智能化的进度,使变革过程拥有较为平缓的过度。

无论怎样,面对人工智能在政务领域的应用,我们所看到的都不该仅仅是智能化的政务服务机器人,当人工智能应用逐步深化,我们的政府是否有充分的准备接受智能政务带来的变革?

二、智能化人才紧缺

在人力资源储备上，随着人工智能技术在政务服务领域的应用，很大程度上将改变政务工作者的工作类型和技能类型，但在当前，由于计算机相关行业人才普遍紧缺，而部门内部则存在老龄化程度较高、薪资待遇偏低、培养意识不够等主客观多方面的原因，导致政务服务部门的工作人员目前还不具备应对这种变革的技术和能力。

近年来，部分地区的政府在人工智能技术对政府治理的嵌入上做了很多工作，在数据共享和人工智能技术平台研发等方面取得了一定的成效，但也从一个侧面暴露出政府在数据共享、人工智能技术研发和人才储备上存在的短板。从现有情况来看，我国各级政府部门有关人工智能的技术和人才储备的意识比较淡漠，人才和技术储备有限，政府部门对企业的数据和技术依赖比较严重。现有的许多在政府治理中发挥重大作用的人工智能技术平台，绝大多数都是由企业研发完成的。例如，浙江省杭州市在智慧交通建设上使用的"城市数据大脑"，就是由阿里巴巴集团旗下的阿里云自主研发的一款大规模通用计算操作系统；在少数由政府相关部门自主研发的人工智能技术平台的运行上，如2018年全国"两会"期间使用的"媒体大脑"，是我国第一个媒体人工智能平台，由新华社旗下的新华智云自主研发和落地，很多环节的技术支撑也来自企业。"媒体大脑"的研发单位是新华智云科技有限公司，成立于2017年6月12日，由新华通讯社和阿里巴巴联合组建而成，数据来源主要由新华通讯社负责提供，技术支撑方面主要依靠阿里巴巴研发的阿里云等人工智能技术平台。这种技术依赖将使得大量的政务数据和信息会被企业后台掌握，给政务数据的安全带来新的隐患。

另外，不少企业已经搭建完成了人工智能底层模块，任何应用和计算都基于底层模块而产生。这些企业会伴随使用底层模块应用的增多而获取大量数据，这些数据不仅限于一个国家或一个区域，而可能是全球性的，部分企业甚至可以利用这些数据直接影响政策的制定与实施。

可以说，增加政府工作人员的技术竞争力与先导性也成了政府智能化道路上的必然选择，然而在人才储备过程中，如何增加政务工作对智能化人才的吸引力，如何面对智能化导致的大量冗余的人力资源等，这些仍是政府制定人才战略时不得不考虑的现实问题。

目前，各地对新型信息化人才的招揽力度都有所上升，但是依旧难以招揽到足够的人才。近年来，随着信息化的深化，对基层公务员的招收规模一再缩减，公务员考试的竞争压力连年提升，与政府新型信息化人才招收不足形成反差。信息化与智能化的发展势在必行，原有的新型人才更新速率若不能适应社会需要，政府就需要从自身考虑通过学习培训提升人才的技术水平，以适应不断发展变化的社会需求。

三、人工智能治理的伦理问题

人工智能时代的到来，推动了传统的政府治理模式发生着深刻的变革，人工智能技术在给政府治理带来绩效改进的同时，也因其技术导向而引发了政府治理中的部分行政伦理问题。这些问题主要表现为：人工智能成为治理主体的道德合理性问题、责任界定问题和自我固化问题。

第一个问题是道德判断。对于人类管理者而言，在面对两难抉择时，最终决策过程往往既复杂又充满不确定性，很多时候受到其所持哲学观的影响；对于人工智能而言，它的决策过程是明晰而又确定的，就像"自动驾驶汽车在紧急情况下撞向谁"的问题，人工智能技术不可能平等地惠及每个阶层和人群，因为人工智能的决策无关道德，它会根据预先设定好的决策机制固定地选择撞向其中一个，这个预先设定的决策机制可能是一张"公民价值量化表"，这张价值量化表就会强化社会的不平等，甚至可以理解为在这种紧急的情况下，人工智能撞向某个人是合理的。这显然与政府保护公正的责任相违背，那对于人工智能遇到这种紧急情况的场景，预先的算法又该如何设定呢？

接着是责任归属问题。前面我们说到，人工智能有其先天缺陷：按照固定逻辑工作，也就是说人工智能永远都存在漏洞与缺陷。以前文所提的人脸识别为例，假如人工智能因为未识别出戴面具者的虚假身份而授予权限，造成了重大损失，那么责任在于人工智能的设计者还是在于人工智能的提供者呢？

正是由于人工智能都具有漏洞与缺陷，使得我们无法判断漏洞是否是因为其作为商业秘密而受到公司或个人的刻意隐瞒，还是因为算法本身的复杂性，即使其设计者也很难清楚解释整个算法的运行过程，尤其是基于大数据集的自我学习、自我训练过程不为人所知，其最终形成的规则集也往往不能转换为可为人所理解的自然语言。

由于人工智能本身存在安全隐患，我们事实上并不能将相关责任完全置于算法设计者身上，这便自然带来监督与问责的难题。尤其是将算法应用于公共决策领域之时，监督与问责机制的缺失使得先天存在的安全隐患可能导致决策错误的风险变得不可接受，而这自然会阻碍技术的发展与应用。

更为长远的问题是算法的自我固化，聚焦算法因依赖大数据学习过程而可能出现的固化、偏差、歧视等治理议题。算法基于"大数据集"而通过自我训练、自我学习以形成"规则集"的过程，实质上是对于过往人类社会模式特征的总结，并将其用于对于未来社会的感知与决策，将不可避免地复制并延续当前社会的既有格局与特征，从而不利于变革与创新的发生，这被称为算法的"自我强化困境"。以今日头条为例，算法对于人类行为特征的精准识别在有利于为不同个体提供差异化、个性化服务的同时，也将强化个人偏好并甚至可能催化极端倾向。这种算法固化的结果还不止于此，甚至可能造成自我验证的恶性循环。人类社会的不确定性与复杂性在客观上决定了"大数据集"的不完备性，数据缺失导致算法所形成"规则集"的偏差将可能进一步强化既有的社会不公现象。例如，因贫困人口数据缺失而做出的决策可能进一步拉大贫困人口数据缺失度，却验证了决策的"正确性"，从而使得他们进一步被隔离在公平的社会之外（图7.8）。

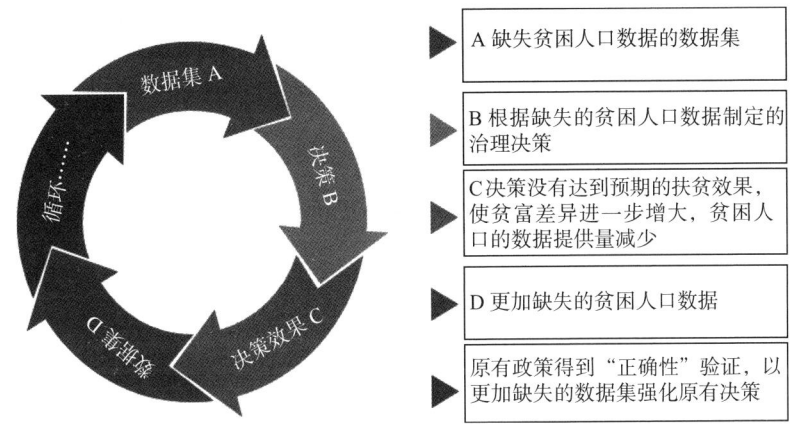

图 7.8 自我强化困境示例

如何解决人工智能的伦理性争议,这一问题的主体不限于政府部门,而是全人类的共同议题,但此问题由来已久,始终未有人能给出让人满意的答案,也许这就是伦理问题的本质属性。

每一新技术的产生都会伴随争议与挑战,汽车使得事故率上升,但汽车依然走向了每条大街小巷,如同交通规则、交通法规、交通部门等管理汽车一样,当成熟的人工智能规则能将人工智能技术规范化管理,人工智能的争议也会随之减少,至于这个过程,免不了会经历许多曲折。人工智能的趋势已无法阻挡,未来会如何,我们也只能拭目以待。

参考文献

[1] 陈鹏. 人工智能时代的政府治理:适应与转变[J]. 电子政务, 2019 (3): 27-34.

[2] 贾开. 人工智能与算法治理研究[J]. 中国行政管理, 2019 (1): 17-22.

[3] 柳亦博. 人工智能阴影下:政府大数据治理中的伦理困境[J]. 行政论坛, 2018, 25 (3): 97-103.

[4] 段伟文.控制的危机与人工智能的未来情境[J].探索与争鸣,2017(10):7-10.

[5] 陈发强,陈月华,杨绍亮.政务信息系统整合共享安全问题分析与对策[EB/OL].(2018-10-29)[2019-05-22].http://www.sic.gov.cn/news/91/9561.htm#_ftn3.

[6] 汤琪.国务院要求保护个人隐私指令下达后,多地政府网站仍有泄露[EB/OL].(2018-05-06)[2019-05-22].https://www.thepaper.cn/newsDetail_forward_2111475.

[7] 二三维一体化实战指挥辅助决策系统(含电子沙盘)[EB/OL].(2017-05-19)[2019-05-22].https://www.supermap.com/cn/2017/partner_case_show.asp?id=32.

[8] 彭君韬.2017年,人工智能摔过的那些跟头[EB/OL].(2017-12-28)[2019-05-22].https://blog.csdn.net/Uwr44UOuQcNsUQb60zk2/article/details/78917928.

[9] 李华锡.周鸿祎.在世界智能大会上爆金句:人工智能本身存在安全问题[EB/OL].(2018-05-16)[2019-05-22].http://baijiahao.baidu.com/s?id=1600610298961687352&wfr=spider&for=pc.

[10] 陈鹏.智能治理时代的政府:风险防范和能力提升[J].宁夏社会科学,2019(1):74-78.

[11] 何哲.面向未来的公共管理体系:基于智能网络时代的探析[J].中国行政管理,2017(11):100-106.

•••• 第八章

智能政务的未来

人工智能技术处于高速发展的过程中,但要在所有方面都真正达到人类智慧的一般水平还有相当长的一段路要走,更不要说超越人类的智力水平。同时,人工智能在政务领域的应用也处于探索的初期,还有更多的应用场景和应用模式有待发掘。因此,未来人工智能与政务之间的深度融合还有很多值得期待的地方。

第一节 智能政务技术发展趋势

智能政务区别于传统电子政务最主要的特征就是新一代人工智能技术的广泛、深入应用。因此,我们探讨智能政务技术发展的现状和未来,主要就是研究人工智能技术发展的现状和未来。

人工智能发展到现在,历经了几十年的积累和演进,并在近些年,由于人工智能开源算法的发展、GPU 等硬件的进步、各国政府的重视及资本投入等因素的综合驱动,进入了快速发展期。但时至今日,人工智能技术仍处在发展的早期,还存在诸多的问题和不足,主要体现在以下这些方面。

1. 现有机器学习技术成熟度不高

当前阶段的人工智能主要以机器学习技术为基础，也就是通过大量经验数据的输入，建立分析模型，进而通过模型对新的场景或数据分类或预测。这种技术归根到底是对人类特定智慧的模仿，对人类智慧思考结果的模仿，而完全不具备人类思考的一般常识基础，不具备任何创新、创意能力，也更谈不上像人类一样完整的智慧和情感。因此，当前阶段的人工智能技术，多数属于弱人工智能技术。

2. 机器学习算法的不可解释性

机器学习使用的神经网络算法虽然在分类和预测领域取得了一定的成果，但作为算法的使用者甚至算法的开发人员，并不知道经过训练的数学模型最终是如何对输入进行处理和计算的，算法成了一个黑盒；对于一般的应用场景，如图像识别、语音识别等，这种黑盒影响不算大，最差的情况也就是识别率不高，但对于依靠人工智能技术做出重要的决策或行动，并因此可能影响社会安全稳定、人类健康生命的应用场景，如自动驾驶、机器人手术等，由于现有的人工智能技术其内部逻辑的不可知、算法的不可解释等，还无法确保绝对的安全可靠。

3. 依赖大量数据和人工标注

目前，大多数的人工智能算法是通过监督学习进行训练的，因此，需要大量的数据作为训练的输入，而且训练本身需要人工介入，进行标注。例如，要让机器学会辨识一个杯子，我们就需要给算法输入成千上万张包含或不包含杯子的图片，并手工在图片上标注，有没有杯子，哪里是杯子，这种标注需要耗费大量的人力物力，而且会有相当大的不准确性，标注质量的好坏会直接影响算法的好坏。随着人工智能技术的发展，社会上也产生了专门做数据标注的公司，也就是所谓的数据工厂，用大量的廉价劳动力进行数据标注，所有有人戏称，有多少人工就有多少智能。如果数据量少或不进行标注，现有的人工智能、机器学习算法多数就没有任何意义。

4. 基于开源，自主可控性差

目前，国内的人工智能算法多数是基于国外开源项目进行应用迭代或二次开发，完全原创的人工智能算法和技术还比较缺乏，一旦因政治、外交等原因开源项目对国内封锁，就会让大批的人工智能企业或从业人员无法跟上技术趋势；同时，GPU、高端芯片等人工智能核心计算能力基础硬件全部依赖进口，一旦断供，将对国内人工智能产业带来毁灭性打击。

因此，考虑到当前阶段人工智能技术自身的缺陷，以及我国人工智能发展的技术现状，尤其是在基础理论、核心算法，以及关键设备、人才储备、产业环境、政策法规、标准体系等方面，与美国等发达国家还有较大差距，国务院于2017年制定发布了《新一代人工智能发展规划》，希望可以抢抓人工智能发展的重大战略机遇，构筑我国人工智能发展的先发优势。规划对于未来人工智能技术的发展指明了方向。

（1）新一代人工智能技术的发展目标

①到2020年人工智能总体技术和应用与世界先进水平同步，新一代人工智能理论和技术取得重要进展。大数据智能、跨媒体智能、群体智能、混合增强智能、自主智能系统等基础理论和核心技术实现重要进展，人工智能模型方法、核心器件、高端设备和基础软件等方面取得标志性成果；

②到2025年人工智能基础理论实现重大突破，部分技术与应用达到世界领先水平，新一代人工智能理论与技术体系初步建立，具有自主学习能力的人工智能取得突破，在多领域取得引领性研究成果；

③到2030年人工智能理论、技术与应用总体达到世界领先水平，形成较为成熟的新一代人工智能理论与技术体系。在类脑智能、自主智能、混合智能和群体智能等领域取得重大突破，在国际人工智能研究领域具有重要影响，占据人工智能科技制高点。

（2）新一代人工智能基础理论体系将逐步建立和发展

新一代人工智能基础理论体系包括大数据智能、跨媒体感知计算、人机混合智能、群体智能、自主协同与决策等领域和方向，未来这些方向和领域将取得重大突破。

①大数据智能理论。研究数据驱动与知识引导相结合的人工智能新方法、以自然语言理解和图像图形为核心的认知计算理论和方法、综合深度推理与创意人工智能理论与方法、非完全信息下智能决策基础理论与框架、数据驱动的通用人工智能数学模型与理论等。

②跨媒体感知计算理论。研究超越人类视觉能力的感知获取、面向真实世界的主动视觉感知及计算、自然声学场景的听知觉感知及计算、自然交互环境的言语感知及计算、面向异步序列的类人感知及计算、面向媒体智能感知的自主学习、城市全维度智能感知推理引擎。

③混合增强智能理论。研究"人在回路"的混合增强智能、人机智能共生的行为增强与脑机协同、机器直觉推理与因果模型、联想记忆模型与知识演化方法、复杂数据和任务的混合增强智能学习方法、云机器人协同计算方法、真实世界环境下的情境理解及人机群组协同。

④群体智能理论。研究群体智能结构理论与组织方法、群体智能激励机制与涌现机制、群体智能学习理论与方法、群体智能通用计算范式与模型。

⑤自主协同控制与优化决策理论。研究面向自主无人系统的协同感知与交互，面向自主无人系统的协同控制与优化决策，知识驱动的人机物三元协同与互操作等理论。

⑥高级机器学习理论。研究统计学习基础理论、不确定性推理与决策、分布式学习与交互、隐私保护学习、小样本学习、深度强化学习、无监督学习、半监督学习、主动学习等学习理论和高效模型。

⑦类脑智能计算理论。研究类脑感知、类脑学习、类脑记忆机制与计算融合、类脑复杂系统、类脑控制等理论与方法。

⑧量子智能计算理论。探索脑认知的量子模式与内在机制，研究高效的量子智能模型和算法、高性能高比特的量子人工智能处理器、可与外界环境交互

信息的实时量子人工智能系统等。

(3) 新一代人工智能关键共性技术体系将进一步成熟和稳定

①知识计算引擎与知识服务技术。研究知识计算和可视交互引擎，研究创新设计、数字创意和以可视媒体为核心的商业智能等知识服务技术，开展大规模生物数据的知识发现。

②跨媒体分析推理技术。研究跨媒体统一表征、关联理解与知识挖掘、知识图谱构建与学习、知识演化与推理、智能描述与生成等技术，开发跨媒体分析推理引擎与验证系统。

③群体智能关键技术。开展群体智能的主动感知与发现、知识获取与生成、协同与共享、评估与演化、人机整合与增强、自我维持与安全交互等关键技术研究，构建群智空间的服务体系结构，研究移动群体智能的协同决策与控制技术。

④混合增强智能新架构和新技术。研究混合增强智能核心技术、认知计算框架、新型混合计算架构、人机共驾、在线智能学习技术、平行管理与控制的混合增强智能框架。

⑤自主无人系统的智能技术。研究无人机自主控制和汽车、船舶、轨道交通自动驾驶等智能技术，服务机器人、空间机器人、海洋机器人、极地机器人技术，无人车间／智能工厂智能技术，高端智能控制技术和自主无人操作系统。研究复杂环境下基于计算机视觉的定位、导航、识别等机器人及机械手臂自主控制技术。

⑥虚拟现实智能建模技术。研究虚拟对象智能行为的数学表达与建模方法，虚拟对象与虚拟环境和用户之间进行自然、持续、深入交互等问题，智能对象建模的技术与方法体系。

⑦智能计算芯片与系统。研发神经网络处理器及高能效、可重构类脑计算芯片等，新型感知芯片与系统、智能计算体系结构与系统、人工智能操作系统，研究适合人工智能的混合计算架构等。

⑧自然语言处理技术。研究短文本的计算与分析技术，跨语言文本挖掘技

术和面向机器认知智能的语义理解技术，多媒体信息理解的人机对话系统。

（4）人工智能新兴产业将蓬勃发展

①智能软硬件。开发面向人工智能的操作系统、数据库、中间件、开发工具等关键基础软件，突破图形处理器等核心硬件，研究图像识别、语音识别、机器翻译、智能交互、知识处理、控制决策等智能系统解决方案，培育壮大面向人工智能应用的基础软硬件产业。

②智能机器人。攻克智能机器人核心零部件、专用传感器，完善智能机器人硬件接口标准、软件接口协议标准及安全使用标准。研制智能工业机器人、智能服务机器人，实现大规模应用并进入国际市场。研制和推广空间机器人、海洋机器人、极地机器人等特种智能机器人。建立智能机器人标准体系和安全规则。

③智能运载工具。发展自动驾驶汽车和轨道交通系统，加强车载感知、自动驾驶、车联网、物联网等技术集成和配套，开发交通智能感知系统，形成我国自主的自动驾驶平台技术体系和产品总成能力，探索自动驾驶汽车共享模式。发展消费类和商用类无人机、无人船，建立试验鉴定、测试、竞技等专业化服务体系，完善空域、水域管理措施。

④虚拟现实与增强现实。突破高性能软件建模、内容拍摄生成、增强现实与人机交互、集成环境与工具等关键技术，研制虚拟显示器件、光学器件、高性能真三维显示器、开发引擎等产品，建立虚拟现实与增强现实的技术、产品、服务标准和评价体系，推动重点行业融合应用。

⑤智能终端。加快智能终端核心技术和产品研发，发展新一代智能手机、车载智能终端等移动智能终端产品和设备，鼓励开发智能手表、智能耳机、智能眼镜等可穿戴终端产品，拓展产品形态和应用服务。

⑥物联网基础器件。发展支撑新一代物联网的高灵敏度、高可靠性智能传感器件和芯片，攻克射频识别、近距离机器通信等物联网核心技术和低功耗处理器等关键器件。

总之，随着《新一代人工智能发展规划》的落地实施，我国人工智能的基础理论体系、关键共性技术、相关新兴产业都会得到快速的发展和成熟，并将在包括政务等各个领域得到广泛和深入的应用，为政府管理、政务服务、社会治理的信息化、自动化、智能化提供技术支撑，迎来智能政务的全新世代。

第二节　智能政务的应用发展趋势

在前面的几章中，我们介绍了人工智能在政务领域的应用场景。随着 5G 时代的到来，各种人工智能产业的落地实施，人工智能相关技术的进一步成熟，未来智能政务的应用场景、应用深度将随着信息环境的进步而获得更广阔的天地。本节将对人工智能在人、事、物的监测与预测，政府部门的整合协同，政府决策建议及政府智能服务等场景的应用进行展望。

一、监测与预测

目前，政府部门需要实施监管的领域或者采用人工监测的方式，或者根本不监测。在预测方面，由于人能力的有限性和技术的局限性，距离实现精准的预测还有很长的一段路要走。随着未来人工智能技术的成熟，对于人、事、物的监测与预测将会变得更加容易。

首先，是对网络舆情的预测。未来的社会，人人都将生活在互联网上，在互联网上办事，在互联网上表达自己的观点。网络舆情将会比现在更加复杂和重要，舆情的监测与预测将成为有关政府部门的工作重点。通过对互联网上大量舆情信息的整合，以及大规模的层次分类算法与人工智能，可以实现对某类信息的爆发性预测。正所谓"百堵不如一疏"，对于某类可能愈演愈烈的舆情，政府工作部门不需要再采用传统的删帖方式来"堵"，而是采用人工智能技术持续关注某一舆情的演变趋势，预测其可能的发展态势，以可视化的方式展现，使政府管理人员动态感知舆情的情况。在舆情爆发之前，舆情监控系统提供预警，告知舆情演变可能发生的结果，相对应地形成几种合理的解决方案，如系统智能地在新媒体上及时发布相关舆情的真实情况，安抚民众并通告相关工作人员。此外，对于舆情的监测和预测来说，一个很重要的部分就是寻找网络舆情的意见领袖，人工智能技术为大量的数据挖掘提供了更好的方式，也为寻找舆情意见领袖提供了更快速的方式，通过进一步利用意见领袖的力量来挖掘可能会出现的舆情，从源头上治理舆情。

其次，未来利用人工智能技术，公安部门预测违法行为或犯罪将指日可待。如今，社会的角落里分布着大大小小的摄像头，国内监控摄像机的数量已经达到1.76亿个，这个数字还会继续增长，这使得监测群众的行为及预测群众酒驾等违法行为成为可能。通过智能摄像机扫描面部，利用视频结构化、模式识别、人脸识别等技术对各个餐厅中的视频数据实时解析，对接公安部门信息库，获得餐厅中饮酒的相关人员的身份信息，并在交通车辆信息库中识别其对应的拥有车辆信息及酒驾违法信息，为他们可能出现的酒驾行为进行风险等级评分，对于风险等级评分较高的人员，在其欲出行开车的时候发送信息提醒及时制止并同时告知警察有关部门，从源头上防止酒驾导致的交通事故危害公共安全。

未来的社会将会建立一个面部识别系统，可以根据某人去哪里、做了哪些动作，给他设置犯罪风险评级，然后将预测结果告知警方。例说，买菜刀的人不可疑，但如果同一个人之后又同时买了一把锤子和一个袋子，那么这个人的可疑评级就会上升。借助于人工智能技术的行为识别和步态分析，在人群中挑选出可疑的人，为公安部门做出预警。另外，政府已经掌握了每个人的档案，可以根据之前的记录来预测谁更有可能犯罪从而加强监控。基于以上两点，预测犯罪将变得非常简单。打击犯罪和恐怖活动是成为政府的重要职能，如果我们使用智能系统和智能设施能够事先知道谁可能是恐怖分子，谁可能会犯罪，谁可能违法，将会使得警方办案变得更加高效。

再次，人工智能在行业监管方面将会走得更远。例如，人工智能将实现食品生产的全环节的监控。食品供应链中任一环节的失误都可能会引起食品安全事故，现阶段造成食品安全事故的原因日趋复杂，传统的监管模式难以实现对食品安全真正意义上的监管，而未来，在整合食品安全事故发生的根本原因后，可以围绕采购、生产、物流、销售等环节经常出现的问题，利用人工智能的智能检索、智能代理、专家系统、智能决策、模式识别、机器学习等技术，将人工智能技术应用在食品供应链各个环节，提高政府部门的监管效率，减少相关事故的发生。

最后，人工智能还将实现公共需求个性化的预测。如今，政府掌握着社会群众大量的个人信息，相对于社会群众"找上门"的政府被动服务，主动服务将成为未来政府服务社会与群众的新方式。政府在颁布相关政策的时候往往会涉及众多群体，由于信息的不对称，一些群众很有可能并不知道自己涉及某些政策。因此，根据政策智能提醒有关民众，进一步满足他们的个性化需求未来将变得很重要。另外，随着未来"互联网＋政务服务"发展，越来越多的群众将通过各种电子政务渠道办事，而人们在办理事项的时候，往往会在网上查询相关的办事信息，如果可以采用智能算法，在不侵犯用户隐私的前提下，后台智能算法智能分析群众的办事意图，自动推送相关的办事信息，变被动服务与主动服务，将会极大地提升群众的服务满意度。

二、人工智能进一步推进政府的整合协同

构建一个结构上有机整合、职能上相互协作的服务型政府是理论界和实践界共同努力的目标。然而现阶段，各部门各自为政，部门与部门之间缺少有效的信息共享，部门的整合协同存在着较大的困难。但随着未来社会的发展，这些都将改变。政府数据的整合将会弱化政府部门之间甚至不同行政区划分之间的权利或物理边界，将会打通部门壁垒，实现多部门协同，使部门信息高度整合，从而建立起共同的数据中枢平台，利用数据中枢平台实现更高效的政府管理和

更优质的政务服务。

2016年，杭州推出城市大脑，这就是各个部门数据整合协同的例子。它按照城市学"城市生命体"理论和"互联网+现代治理"思维，创新应用大数据、云计算、人工智能等前沿科技构建的平台型人工智能中枢，将市政、警务、消防、交通、通信、商业等各部门、各类型的数据融合打通，并汇集在统一的大数据平台上，实现城市运行的生命体征感知、公共资源配置、宏观决策指挥、事件预测预警、"城市病"治理等功能（图8.1）。未来，类似于城市大脑的智能平台将成为政府各部门整合协同的模式。

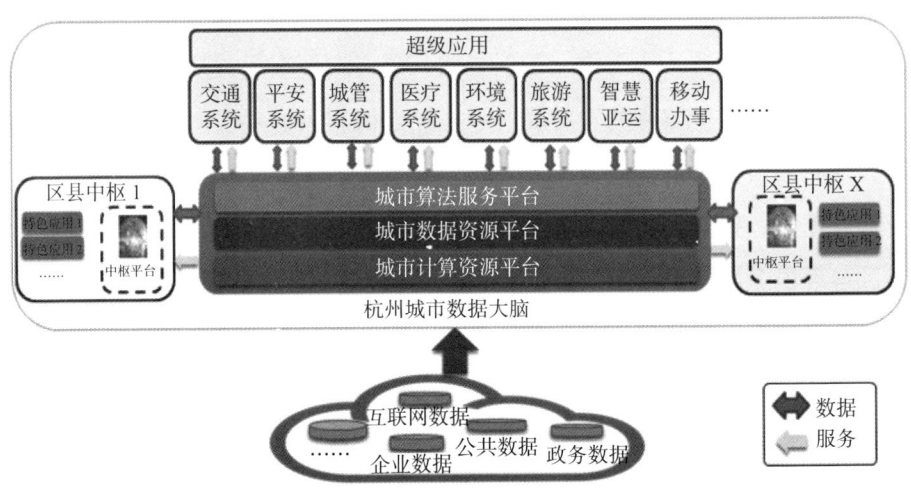

图 8.1 杭州城市大脑

三、政府决策建议

人工智能与大数据在实际应用中是密不可分的，现阶段的大数据分析已经可以通过分析结果为决策人员提供辅助。未来，在信息资源高度整合的基础上，我们认为智能政务在决策方面的作用应该向以下两个方向发展：一是对多个已提出的决策方案进行结果预测及可视化展示，帮助决策人员进行决策；二是直接通过大数据分析结果提出决策建议。

首先，第一种发展方向，结果预测及可视化展示。这是在决策部门已经提出几种待决定的决策方案时，为决策人员提供帮助的。未来的可视化展示不再是简单地将数据图表化的二维可视化展示，而是将预测结果场景化，对预测结果进行 3D 建模，再利用 VR 技术进行三维可视化展示，让决策人员更加直观地看到决策的预测结果。

在信息高度整合的基础上，通过对过往决策结果、决策作用对象、影响决策执行因素等方面数据的采集、分析和建模，得到一个较为准确的决策预测结果，在不久的未来应该是可以实现的。但是这里另外一个技术难点在于，如何将决策预测结果场景化。例如，交通部门想颁发一条新政策，那么政策预测结果可能是文本形式的，如何将文本形式的分析结果转化成 3D 的道路实景，就需要人工智能自动合成 3D 图像，这在技术上还需要很大的突破，但也并非是异想天开。

第二种发展方向，计算机直接利用数据分析结果输出决策内容。在一些不太需要变通、规则比较固定的领域，人工智能可以代替人类决策，如前面提到的城市大脑，在交通调控的一些方面已经是人工智能代替人类在进行决策了。我们这里讨论的发展方向是更加宏观的决策建议，甚至可能是国家政策、法律法规等有较大影响力的指导性决策，但这类重要决策是不可能让机器代替人类进行决策的，这涉及人工智能的伦理问题，在这种重大决策方面，人工智能只能是起到提出建议的作用。

可能有的人会说，只是辅助决策的话，现在数据治理已经在慢慢实现了，而我们这里所说的提出建议，不再是现在这样仅仅给出分析结果，帮助人类做出决策，而是机器也像决策部门的一员，通过数据分析结果，提出自己的决策内容建议，它所提出的决策建议是它计算后的最优解，但是否真的完美，最终是否会被采纳，是否还需修改，仍是由人类决定的。现在机器已经可以做到自动输出文本，但政策内容不是简单的文本，因此，输出决策内容这部分还存在一些技术难关。

四、政府智能服务

提到智能服务，可能很多人会想到政务大厅的引导机器人、线上的智能问答等。我们这里所讲的服务，不仅限于政务服务大厅所提供的政务服务，还包含了政府各个部门为民众提供的各种服务，如公安局、消防局、交警大队、政务大厅等部门所提供的直接面向民众的服务。

提到智能服务，又会说到一个议题，机器是辅助人工服务还是最终会代替人工服务。这个问题不到真正的未来谁都很难定论，但目前在我们看来，人工智能在政府服务领域主要有两个作用：一个是辅助人类，提供更加高质量、高效率的服务；另一个是代替人类进行一些重复性较高、规则固定且较为烦琐或危险的服务。

其实，目前还只是弱人工智能时代，目前的人工智能技术代替人类做一些简单的服务工作都还非常吃力。目前能够最快广泛应用的应该就是利用人工智能辅助人工服务，让服务更加人性化，更加贴心。目前，已经有些省市在进行这方面的尝试，如南京的12345热线，在进行服务的同时，运用语音识别，实时给服务对象推送他提问的相关内容，以及问题相应的回答，提供更加有温度的服务。这只是非常简单的应用，但同时也很容易推广开来。线下服务同样也可以利用人工智能辅助服务，如未来政务服务大厅，机器人不仅用于引导，还可以对材料进行审核盖章。

前面说的只是政务服务，在公安、消防、交通等方面的服务，人工智能可以说是辅助加部分替代人工服务。人工智能在这些领域的宏观预测调控等应用我们这里不讨论，我们主要讨论与民众面对面的线下服务，目前已经投入使用且效果不错的有消防机器人，它可以代替人类进入高危环境进行灭火救援工作，在完成救火工作的同时，保障了消防人员的生命安全。未来，除了火灾，在洪水、地震等灾害的救灾方面，人工智能应该也可以大有作为。

除了消防机器人，想必大家应该在各种科幻影视作品中或多或少地看到过机器警察在街上巡逻的画面。巡逻这件事目前在技术上还有一些瓶颈，如果对于事件的识别精准度不够，可能只会帮倒忙，但如果能够精准识别街道上的突发事件，并做出合适的应对，会对社会治安有很大助力，但要让人工智能做出合适的应对，起码需要到达强人工智能，甚至超级人工智能阶段才能实现，以目前的技术即使有巡逻机器人，可能也只能做到记录现场、及时报警、呼叫救护车等。并且，目前机器人研发及制造成本过高，且这样外放使用很容易损耗，加上技术瓶颈，因此，短时间内很难大规模应用，但在未来，随着相关政策的制定及技术的进步，相信还是有可能看到机器人上街巡逻、指挥交通、处理车祸等场景成为现实的。

参考文献

[1] 人工智能学家. 权威发布：新一代人工智能发展白皮书（2017）[EB/OL]. (2018-02-23) [2019-05-22]. https://blog.csdn.net/cf2suds8x8f0v/article/details/79358148.

[2] 杭州市政府发布城市数据大脑规划2022年基本完成建设[EB/OL]. (2018-05-16) [2019-05-22]. https://sx.focus.cn/zixun/ d09e90dc315c6982. html.

[3] 王冀宁，吴雪琴，陈庭强. 人工智能在食品安全智慧监管中的应用研究[J]. 中国调味品，2018，43（11）：170-173.